2. 基本表現

1) 挨拶表現

Buenos días.	おはよう。
Buenas tardes.	こんにちは。
Buenas noches.	こんばんは。

¡Hola!	やあ！
¿Qué tal?	どう？（元気？）
¿Cómo estás (tú)? / ¿Cómo está usted?	元気？/お元気ですか？（丁寧）
Muy bien. Gracias.	元気です。ありがとう。
¿Y tú? / ¿Y usted?	君は？/あなたは？（丁寧）

Hasta luego.	また後で。
Hasta mañana.	また明日。
Adiós.	さようなら。

Mucho gusto.	はじめまして。
Me llamo Taro Tanaka.	田中太郎といいます。

Gracias.	ありがとう。
De nada.	どういたしまして。

2) ひとくち会話

¿Hablas español?	君はスペイン語を話しますか？
Sí, hablo español un poco.	はい、私はスペイン語を少し話します。
No, no hablo español.	いいえ、私はスペイン語を話せません。

español スペイン語, japonés 日本語, inglés 英語, portugués ポルトガル語

hablar（話す）の現在形			
(yo 私)	hablo	(nosotros 私たち)	hablamos
(tú 君)	hablas	(vosotros 君たち)	habláis
(él 彼)	habla	(ellos 彼ら)	hablan

3) 疑問詞

cuándo いつ, dónde どこ, adónde どこへ, qué 何, quién 誰, cómo どのように, cuál どれ, cuánto いくら, cuántos いくつ, por qué なぜ

4) 数 1 から 30 まで

1 uno 2 dos 3 tres 4 cuatro 5 cinco
6 seis 7 siete 8 ocho 9 nueve 10 diez
11 once 12 doce 13 trece 14 catorce 15 quince
16 dieciséis 17 diecisiete 18 dieciocho 19 diecinueve 20 veinte
21 veintiuno 22 veintidós 23 veintitrés 24 veinticuatro 25 veinticinco
26 veintiséis 27 veintisiete 28 veintiocho 29 veintinueve 30 treinta

PAÍSES HISPANOHABLANTES

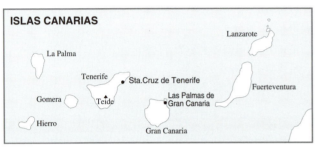

¡Mira, la nueva estrellita!
curso de español elemental

Editorial Asahi

Yukie Kuribayashi
Kyoko Yasaka
Yurie Okami
Roberto Colmena

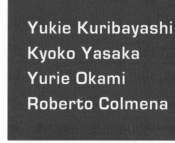
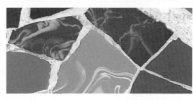

学習用情報（音声等）サイトURL

https://text.asahipress.com/free/spanish/estrellita/index.html

表紙・本文デザイン	メディアアート
写真	大木雅志 Xesco Ortega (p.52, p.92)
イラスト	東森 まみ
本文	Gregory Zambrano (p.26)

はじめに

　サッカー、テニスなどのスポーツや、タンゴやポップスなどラテンの音楽、ガウディの建築やサンティアゴ巡礼、若者に人気の ZARA などファッションブランド。近年、スペイン語圏の様々な文化が日本でもよく知られるようになりました。インターネットでそんな情報がすぐ手に入る今、少しでも言葉が分かれば生の情報に即時に触れることができ、スペイン語圏の国々が一層身近に感じられることでしょう。この教科書は1冊でスペイン語の基礎に必要な事項は全て盛り込んで、そうした情報に接したいと願う皆さんの手助けとなるように作られました。

　本書は1課4ページ構成で、ページごとに4つの部分に分かれています。

1) **Expresiones** … 表現集。
　これだけは覚えたい表現を集めました。
　できるだけ少ない数の文で、初級文法に必須の項目・基本の語彙や表現をカバーするよう配慮してあります。

2) **Gramática** … 文法解説。
　活用表、変化表を中心に文法事項をまとめました。各課の2ページ目を見れば、初級に必要な活用表は見つけられるよう配慮しました。

3) **Vamos a practicar**、コラム … 「練習しましょう」と語法の補足。
　その課で学習する文法事項を用いた口頭練習に加え、囲み記事として、文法ページで扱えなかった表現の補足や、一歩進んだ文法事項などを掲載しました。

4) **Ejercicios** … 練習問題。
　その課で学習する文法事項を確認するための練習問題です。

　表現を中心に学びたい場合は1)の表現集と3)の会話練習と語法を、文法を中心に学びたい場合は2)の文法解説と4)の練習問題のページだけを、学習することもできるようになっています。
　内容としては12課までの学習で一区切りとなりますので、時間的余裕のない場合は12課までで終えられてもよいでしょう。14課まで学習される場合も、13課の「接続法過去」は割愛しても構いません。逆に時間的に余裕のある場合は Vamos a aprender más も学習していただくと、更なるレベルアップになります。
　この教科書を通して、スペイン語圏の文化のみならず、スペイン語という言葉にも少しでも興味を持っていただければ、著者一同の喜びです。

改訂版にあたって

　改訂版にあたり、各課3ページ目の Vamos a hablar を Vamos a practicar とし、リスニング練習も取り入れました。また各課の新出語句チェックリストをページ下に設けました。
　本書出版にあたり、中南米についての記事をご寄稿くださった Gregory Zambrano 先生、スペイン史についてご教示くださった櫻井道子先生、原稿の段階から使用し意見を出してくれた中央大学の学生の皆さん、写真を提供してくださった大木雅志、Xesco Ortega の各氏、イラストを描いてくださった東森まみ様、編集の労を執ってくださった山中亮子様に深く御礼を申し上げます。

著者

目次

Introducción 文字と発音 ………………………………………………………… 2
 1. ALFABETO　アルファベート　2. 母音字　3. 子音字　4. 音節の区切り方　5. アクセント位置の規則
 ◇ 挨拶表現　◇ 疑問詞　◇ 基数 1 から 30 まで

★ **Lección 1** Mira, hay una cafetería aquí.「ほら、ここにカフェテリアがあります」…………… 6
 1. 名詞の複数形　2. 名詞の性　3. 定冠詞と不定冠詞　4. hay を使った存在文　5. 形容詞
 ◇ 形容詞の前置と短縮形

★ **Lección 2** ¿Hablas español?「スペイン語を話しますか？」………………………………… 10
 1. 主語人称代名詞　2. 直説法現在・規則活用　3. 文の組み立て　4. 所有形容詞・前置形

★ **Lección 3** Soy japonés.「私は日本人です」……………………………………………… 14
 1. ser「です」の直説法現在　2. estar「いる、ある」の直説法現在　3. 指示形容詞

★ **Lección 4** Voy a la universidad en tren.「電車で大学に行きます」……………………… 18
 1. ir「行く」の直説法現在　2. 所有形容詞・後置形
 3. hay と estar の使い分け … 存在・所在表現のまとめ　4. 主要な前置詞

★ **Lección 5** Quiero comer paella.「パエリアを食べたい」………………………………… 22
 1. 直説法現在不規則活用・1 人称単数不規則型・綴り字変化
 2. querer, poder … 語幹母音変化動詞　3. tener, venir, decir
 ◇ 2 つの「知る」　◇ 2 つの「できる」　◇ 基数 31 から 100

> **Vamos a aprender más** ………………………………………………………… 26
> **LECTURA 1**　Las antiguas civilizaciones de América　　文法補足 1　語幹母音変化動詞の 3 つのタイプ
> ◇ -ir 動詞の語幹母音変化　◇ アクセント符号に注意する動詞
> **LECTURA 2**　Bares y tapas　　Ejercicios [apéndice1]　◇ y と o　◇ el + 女性名詞

★ **Lección 6** Me gusta mucho la música latina.「ラテン音楽が大好きです」……………… 30
 1. 目的語人称代名詞　2. gustar 型構文　3. 前置詞の後の人称代名詞
 ◇ gustar 型の動詞　◇ 代名詞の重複

★ **Lección 7** Viajé a España el mes pasado.「先月スペインへ旅行しました」……………… 34
 1. 直説法点過去　2. 不定語と否定語
 ◇ hace … que 〜構文

★ **Lección 8** No pude ir a ningún sitio.「どこにも行けなかった」………………………… 38
 1. 直説法点過去・強変化とその変形　2. 直説法点過去・完全不規則活用　3. 使役と知覚の表現
 ◇ 接尾辞

★ **Lección 9** Pasaba las vacaciones tocando el piano.「ピアノを弾きながら休暇を過ごしていました」 42
 1. 直説法線過去　2. 点過去と線過去の使い分け　3. 比較
 ◇ más de + 数詞 , más de lo que 節　◇ 副詞の最上級

Índice

★ **Lección 10** Me levanto a las seis de la mañana.「朝 6 時に起きます」·················· 46
　1. 再帰動詞　2. 再帰動詞の意味（1）基本用法　3. 再帰動詞の意味（2）派生用法
　◇ 基数 100 から 1000

Vamos a aprender más ·· 50
LECTURA 3 La geografía de España y las lenguas españolas　文法補足 2　現在分詞と過去分詞
LECTURA 4 La Tomatina　Ejercicios[apéndice2]

★ **Lección 11** ¿Has estado alguna vez en España?「スペインに行ったことはありますか？」·· 54
　1. 過去分詞　2. 直説法現在完了　3. 関係詞
　◇ 関係形容詞 cuyo

★ **Lección 12** Iremos de excursión a Segovia.「セゴビアへ遠足に行くでしょう」················ 58
　1. 直説法未来　2. 直説法過去未来

★ **Lección 13** Te recomiendo que visites el Parque Güell.「グエル公園を訪れるよう勧めます」62
　1. 接続法　1) 接続法現在　2) 接続法過去
　◇ 接続法の用法 (1)

★ **Lección 14** Oiga, por favor.「ちょっとすみませんが」······································ 66
　1. 肯定命令　2. 否定命令
　◇ 代名詞の後置　◇ 序数　第 1 〜第 10

Vamos a aprender más ·· 70
LECTURA 5 Los Reyes Católicos
文法補足 3　接続法現在完了 / 接続法過去完了・条件文　◇ 接続法の用法 (2)
LECTURA 6 Franco y España en el siglo XX　Ejercicios[apéndice3]

巻末付録 ·· 74

Ejercicios suplementarios	補充問題（1〜14課）	SuplementoB-3	国名と地名形容詞
SuplementoA-1	スペイン語 品詞一覧	SuplementoB-4	人称代名詞と所有形容詞、冠詞、指示詞、形容詞
SuplementoA-2	完了時制のまとめ	SuplementoC-1	時の表現のまとめ
SuplementoB-1	基数と序数	SuplementoC-2	スペイン語の全時制のまとめ
SuplementoB-2	基本語彙集	SuplementoD	主要動詞の活用表

Introducción 文字と発音
1. ALFABETO アルファベート

大文字	小文字	文字の名		大文字	小文字	文字の名	
A	a	a	ア	Ñ	ñ	eñe	エニェ
B	b	be	ベ	O	o	o	オ
C	c	ce	セ	P	p	pe	ペ
D	d	de	デ	Q	q	cu	ク
E	e	e	エ	R	r	ere	エレ
F	f	efe	エフェ	S	s	ese	エセ
G	g	ge	ヘ	T	t	te	テ
H	h	hache	アチェ	U	u	u	ウ
I	i	i	イ	V	v	uve	ウベ
J	j	jota	ホタ	W	w	uve doble	ウベドブレ
K	k	ka	カ	X	x	equis	エキス
L	l	ele	エレ	Y	y	ye	イェ(ジェ)
M	m	eme	エメ	Z	z	zeta	セタ
N	n	ene	エネ				

2. 母音字 CD-13

* **強母音**　　a e o　　　　　　casa, mesa, sopa
　　　　　　　　　　　　　　　　家　　机　　スープ
* **弱母音**　　i u　　　　　　　vino, fruta
　　　　　　　　　　　　　　　　ワイン　果物

* 二重母音と三重母音 ... 1つの母音として扱い、ひとまとまりとして発音。
　二重母音 ... 弱母音（i, u）ともう1つの母音との組み合わせ。

強＋弱	**ai (ay)**	aire, hay 空気　〜がある	**au**	aula, causa 教室　原因
	ei (ey)	veinte, rey 20　王	**eu**	Europa, euro ヨーロッパ　ユーロ
	oi (oy)	sois, hoy (ser) 今日	**ou**	estadounidense アメリカ合衆国の
弱＋強	**ia**	piano, diario ピアノ　日々の	**ua**	agua, guapo 水　　美男の
	ie	pie, cien 足　100	**ue**	bueno, nuevo 良い　新しい
	io	colegio, limpio 学校　清潔な	**uo**	antiguo, mutuo 古い　相互の
弱＋弱	**iu**	ciudad, viuda 都市　未亡人	**ui (uy)**	juicio, muy 判断　とても

ai, ei, oi, ui は語末で ay, ey, oy, uy の綴りになる。
iu, ui はそれぞれ後ろの母音に強勢が置かれる。

強母音の連続は二重母音ではなく二つの独立した母音とみなす。　　creo, aéreo
　　　　　　　　　　　　　　　　　　　　　　　　　　　　　　（creer）航空の

弱母音にアクセントが付いている場合は、二つの独立した母音とみなす。「母音分立」
　　　　　　　　　　　　　　　　　　　　　　　　　　　　　　día, país, grúa
　　　　　　　　　　　　　　　　　　　　　　　　　　　　　　日　国　クレーン

三重母音 ... 弱母音＋強母音＋弱母音の組み合わせ。

iai	estudiáis, enviáis (estudiar) (enviar)	**uai (uay)**	Paraguay, actuáis パラグアイ　(actuar)
iei	estudiéis, cambiéis (estudiar) (cambiar)	**uei (uey)**	buey, actuéis 雄牛　(actuar)

3. 子音字

b [b] ...	boca, bueno 口　良い	
c [k] ... (ca, cu, co)	café, cuatro, médico コーヒー　4　医者	
[θ][s] ... (ci, ce)	diccionario, cena 辞書　　夕食	
ch [tʃ] ...	chico, coche 少年　車	
d [d] ...	día, diente 日　歯	
f [f] ...	foto, teléfono 写真　電話	
g [g] ... (ga, go, gu/gui, gue)	gato, amigo, guerra ネコ　友人　戦争	
[x] ... (gi, ge)	gitano, gente ジプシー　人々	
[gw] ... (güi, güe)	antigüedad, lingüística 古代　　言語学	
h [-] ...	hermano, hermana 兄弟　　姉妹	
j [x] ...	hijo, hija 息子　娘	
k [k] ...	kiwi, kilo キウイ　キログラム	
l [l] ...	luna, sol 月　太陽	
ll [j] [ʝ] ...	silla, lluvia 椅子　雨	
m [m] ...	mano, mes 手　（暦の）月	
n [n] ...	nieve, Japón 雪　　日本	
ñ [ɲ] ...	España, año スペイン　年	
p [p] ...	país, patata 国　ジャガイモ	
q (qu-) [k] ...	queso, máquina チーズ　機械	
r [ɾ (弾き音)] ...	pero, profesor しかし　先生	
[r (ふるえ音)] ...	revista, regalo 雑誌　　プレゼント	
rr [r] ...	perro, tierra 犬　　陸・地球	
s [s] ...	sitio, semana 場所　週	
t [t] ...	tarjeta, tomate カード　トマト	
v [b] ...	vino, vestido ワイン　洋服	
w [w] ...	whisky, web ウィスキー　ウェブ	
x [ks] ...	examen, éxito 試験　　成功	
	cf. [x] México, mexicano メキシコ　メキシコの	
y [j] [ʝ] ...	yo, hoy, y 私　今日　そして	
z [θ][s] ...	zapatos, zumo 靴　　ジュース	

*二重子音 ... [p/t/k/b/d/g/f] + [l/r] の組み合わせ ([tl, dl] は除く)。1つの子音として扱う。
plato, clase, blanco, siglo, flor, primero, tren, brazo, padre, grande, fruta
皿　授業　白い　世紀　花　第一の　電車　腕　父　大きい　果物

4. 音節の区切り方

1つの母音を中心に「子音(0か1個) + 母音 + 子音(0個以上複数個)」で1つの音節を形成する。
ch, ll, rr は1つの子音に相当。二重母音、三重母音、二重子音は1つとカウントする。

a-yer	ca-lle	es-pa-ñol	en-trar	gra-cias
昨日	通り	スペインの	入る	ありがとう
i-de-a		res-tau-ran-te	vein-ti-cua-tro	cons-truir
アイディア		レストラン	24	建設する

5. アクセント位置の規則

1) 母音字または n, s で終わる語：後ろから2つめの音節　　muñeco, examen, zapatos
　　　　　　　　　　　　　　　　　　　　　　　　　　　　人形　　試験　　靴

2) n, s 以外の子音字で終わる語：最後の音節　　narrador, hotel
　　　　　　　　　　　　　　　　　　　　　　語り手　　ホテル

3) アクセント符号のある語：アクセント符号の位置　　música, lápiz
　　　　　　　　　　　　　　　　　　　　　　　　　音楽　　鉛筆

＊二重母音・三重母音は1母音相当　　patio, Uruguay
　　　　　　　　　　　　　　　　　　中庭　　ウルグアイ

◇ 挨拶表現

Buenos días.	おはよう。
Buenas tardes.	こんにちは。
Buenas noches.	こんばんは。
¡Hola!	やあ！
¿Qué tal?	どう？（元気？）
¿Cómo estás tú? / ¿Cómo está usted?	元気？／お元気ですか？（丁寧）
Muy bien. Gracias.	元気です。ありがとう。
¿Y tú? / ¿Y usted?	君は？／あなたは？（丁寧）
Hasta luego.	また後で。
Hasta mañana.	また明日。
Adiós.	さようなら。
Mucho gusto.	はじめまして。
Me llamo Taro Tanaka.	田中太郎といいます。
(Muchas) gracias.	（どうも）ありがとう。
De nada.	どういたしまして。

◇ 疑問詞

cuándo いつ, dónde どこ, adónde どこへ, qué 何, quién 誰, cómo どのように, cuál どれ, cuánto いくら, cuántos いくつ, por qué なぜ

◇ 基数 1から30まで

1 uno　**2** dos　**3** tres　**4** cuatro　**5** cinco
6 seis　**7** siete　**8** ocho　**9** nueve　**10** diez
11 once　**12** doce　**13** trece　**14** catorce　**15** quince
16 dieciséis　**17** diecisiete　**18** dieciocho　**19** diecinueve　**20** veinte
21 veintiuno　**22** veintidós　**23** veintitrés　**24** veinticuatro　**25** veinticinco
26 veintiséis　**27** veintisiete　**28** veintiocho　**29** veintinueve　**30** treinta

Lección 1

Mira, hay una cafetería aquí.
「ほら、ここにカフェテリアがあります」

Expresiones

① A: Mira, hay una cafetería aquí.
②   En esta calle hay un restaurante español.
③ B: Vamos a entrar en la cafetería.
④ A: De acuerdo.

⑤ A: Un café, por favor.
⑥ B: Para mí, una cerveza, por favor.
⑦   ¿Hay bocadillos?
⑧ C: Sí, hay bocadillos de jamón serrano y de queso.
⑨ B: Entonces, dos bocadillos de queso, por favor.
⑩ C: Muy bien. Ahora mismo.

mira ほら、見て ＜ **mirar** 見る　肯定命令（主語 **tú**）
hay 〜がある ＜ **haber** 現在3人称単数
esta この（女性単数）
vamos a ＋不定詞 〜しましょう（**vamos** ＜ **ir** 現在1人称複数）
de acuerdo わかりました、承知しました
por favor どうぞ、お願いします
para mí 私のために、私には
bocadillo ボカディージョ、（フランスパンの）サンドウィッチ
jamón serrano 生ハム
ahora mismo 今すぐ

bocadillo

☆ ☐ ahora ☐ aquí ☐ azul ☐ bien ☐ blanco ☐ cafetería ☐ calle ☐ canción ☐ casa ☐ cerveza ☐ ciudad ☐ de ☐ día ☐ en ☐ entonces ☐ entrar ☐ español ☐ examen ☐ foto ☐ grande ☐ haber(hay) ☐ hotel ☐ jamón ☐ lápiz ☐ libertad ☐ libro ☐ lunes ☐ mano ☐ mapa ☐ mesa ☐ moto ☐ muy ☐ país ☐ pájaro ☐ papel ☐ para ☐ parque ☐ perro ☐ queso ☐ restaurante ☐ revista ☐ rey ☐ sí ☐ silla ☐ televisión ☐ y

Gramática 1

1. 名詞の複数形

| 母音字（aiueo）+ **s** | libro → libros, casa → casas |
| 子音字 + **es** | papel → papeles, país → países, rey → reyes |

（注）examen → exámenes, canción → canciones, lápiz → lápices
lunes → lunes（単複同形）（アクセントが語末音節にない -s の語）

2. 名詞の性

スペイン語の名詞には「男性名詞」と「女性名詞」がある。
-o で終わる語は男性名詞が多い。libro, perro, pájaro
-a で終わる語は女性名詞が多い。casa, mesa, silla
　　　　　　　　　　　　　　　　　（注）foto, moto, mano, mapa, día 等の例外もある。
-ción, -sión, -dad, -tad は女性名詞。canción, televisión, ciudad, libertad

3. 定冠詞と不定冠詞

1) 定冠詞「その、例の」
（聞き手との間に共通認識のあるもの）

	単数	複数
男	**el**	**los**
女	**la**	**las**

*中性定冠詞 lo

2) 不定冠詞「ある、ひとつの / いくつかの（複数）」

	単数	複数
男	**un**	**unos**
女	**una**	**unas**

el libro　　*los* libros　　　　　　　　*una* casa　　*unas* casas

4. hay を使った存在文 … hay +（不定冠詞、数詞など）+ 名詞「〜がある。」

Hay un hotel aquí.
Hay dos perros en el parque.

5. 形容詞

1) **o** で終わるもの「-o, a, os, as 型」
blanco「白い」

	単数	複数
男	blanc**o**	blanc**os**
女	blanc**a**	blanc**as**

2) o で終わらないもの（子音末の地名形容詞をのぞく）男女同形「- ゼロ, (e)s 型」
grande「大きい」　　　　　　　　azul「青い」

	単数	複数	単数	複数
男	grande	grande**s**	azul	azul**es**
女	grande	grande**s**	azul	azul**es**

3) o で終わらない語のうち、子音末の地名形容詞「- ゼロ, a, es, as 型」
español「スペイン（人）の」

	単数	複数
男	español	español**es**
女	español**a**	español**as**

語順：|1 冠詞類| + |名詞| + |2 形容詞|「名詞を修飾する単語は名詞の性数に一致する」
　　　el perro *blanco*　　　*unas* revistas *españolas*

Vamos a practicar 1

[A] 音声を聞き、数と名詞を入れて文を完成させなさい。
1) Hay (　　　) (　　　　　　　) en la mesa. [本]
2) Hay (　　　) (　　　　　　　) en la mesa. [鉛筆]
3) Hay (　　　) (　　　　　　　) en la mesa. [りんご]
4) Hay (　　　) (　　　　　　　) en el plato. [オレンジ]
5) Hay (　　　) (　　　　　　　) en el plato. [メロン]
6) Hay (　　　) (　　　　　　　) en el parque. [犬]
7) Hay (　　　) (　　　　　　　) en el parque. [木]
8) (　　　) (　　　　　　　) de naranja, por favor. [ジュース]
9) (　　　) (　　　　　　) (　　　　　　　), por favor. [スペイン風オムレツ]
10) (　　　) (　　　　　　　) con churros, por favor. [チョコレート]

[B] 適切な名詞と形容詞を入れなさい。答は音声で確認してください。（以降の課も同様）
1) Hay unos (　　　　　) (　　　　　　　) en la calle. [新しいホテル]
2) Hay una (　　　　　) (　　　　　　　) en el hotel. [大きいカフェテリア]
3) Hay una (　　　　　) (　　　　　　　) aquí. [小さい書店]
4) Hay muchas (　　　　　) (　　　　　　　) en el jardín. [白い花]
5) Hay dos (　　　　　) (　　　　　　　) en la calle. [スペイン風バル]
6) Hay muchos (　　　　　) (　　　　　　　) en esta ciudad. [メキシコ料理店]
7) Hay muchos (　　　　　) (　　　　　　　) en la clase. [日本人学生]
8) Hay (　　　　　) (　　　　　　　) en Tokio. [たくさんの大学]

☆ ☐ árbol　☐ bar　☐ chocolate　☐ churro　☐ clase　☐ estudiante　☐ flor　☐ japonés
☐ jardín　☐ librería　☐ manzana　☐ melón　☐ mexicano　☐ mucho　☐ naranja
☐ nuevo　☐ pequeño　☐ plato　☐ tortilla　☐ universidad　☐ zumo

形容詞の前置と短縮形
buen（<bueno）tiempo（良い天気）, *mal*（<malo）humor（不機嫌)　　男性単数の前のみ
gran（<grande）ciudad（大都市）　　単数形の前で

主観的意味の形容詞は前置される傾向にあり、前置と後置で意味に違いがある。
　　una *nueva* casa（今度の家）/ una casa *nueva*（新築の家）
　　un *viejo* amigo（旧友）/ un amigo *viejo*（年老いた友人）
　　un *pobre* hombre（気の毒な人）/ un hombre *pobre*（貧しい人）

Ejercicios 1

練習1 次の 1)から5)の名詞には定冠詞を、6)から10)の名詞には不定冠詞をつけなさい。さらに、全体を複数形にしなさい。

1) 定冠詞 (   ) árbol   ⇒ 複数形 (   )(   )
2) 定冠詞 (   ) ciudad   ⇒ 複数形 (   )(   )
3) 定冠詞 (   ) voz   ⇒ 複数形 (   )(   )
4) 定冠詞 (   ) río   ⇒ 複数形 (   )(   )
5) 定冠詞 (   ) universidad ⇒ 複数形 (   )(   )

6) 不定冠詞 (   ) camisa   ⇒ 複数形 (   )(   )
7) 不定冠詞 (   ) nube   ⇒ 複数形 (   )(   )
8) 不定冠詞 (   ) coche   ⇒ 複数形 (   )(   )
9) 不定冠詞 (   ) mapa   ⇒ 複数形 (   )(   )
10) 不定冠詞 (   ) hospital ⇒ 複数形 (   )(   )

練習2 スペイン語にしなさい。（注）「その」は定冠詞とする。

1) その通り (calle) にはホテル (hotel) が2軒あります。
2) その机 (mesa) の上に数冊の本 (libro) があります。
3) ここに (aquí) 本屋 (librería) が1軒あります。
4) そこに (ahí) 犬 (perro) が1匹います。
5) あそこに (allí) 車 (coche) が3台あります。

練習3 日本語の意味になるよう括弧内に適切な冠詞または形容詞を入れなさい。
（注）「そ（れら）の」は定冠詞とする。

1) 「ある白い犬」
   (   ) perro (   )
2) 「数匹の白い犬」
   (   ) perros (   )
3) 「その白い家」
   (   ) casa (   )
4) 「それらの白い家」
   (   ) casas (   )
5) 「数冊のスペインの本」
   (   ) libros (   )
6) 「数冊の大きな雑誌」
   (   ) revistas (   )
7) 「その赤い (rojo) 花」
   (   ) flor (   )
8) 「それらの青い (azul) 車」
   (   ) coches (   )
9) 「ひとりのペルー人 (peruano) の少女」
   (   ) chica (   )
10) 「数人の日本人 (japonés) の女友達」
   (   ) amigas (   )

☆ ☐ amigo/ga ☐ camisa ☐ chico/ca ☐ coche ☐ hospital ☐ nube ☐ peruano ☐ río ☐ rojo ☐ voz

Lección 2

¿Hablas español?
「スペイン語を話しますか？」

Expresiones

① A: ¿Hablas español?
② B: Sí, hablo español un poco.
③ A: ¿Hablas inglés?
④ B: No, no hablo inglés.
⑤ A: ¿Qué estudias en la universidad?
⑥ B: Estudio lingüística.

⑦ A: Después de las clases, ¿tomamos café o comemos juntos?
⑧ B: Vamos a comer.

⑨ A: ¿Dónde vives?
⑩ B: Vivo en Tokio.
⑪ A: ¿Vives con tu familia?
⑫ B: No, no vivo con mi familia. Vivo sola.
⑬ Mis padres viven en España, porque mi padre trabaja allí.

un poco 少し
después de 〜の後で
juntos 一緒に
vivir solo/la ひとり暮らしする
padres 両親

☐ allí ☐ café ☐ cámara ☐ comer ☐ con ☐ cuándo ☐ después ☐ dónde
☐ España ☐ español ☐ estudiar ☐ familia ☐ francés ☐ hablar ☐ hermano/na
☐ hijo/ja ☐ inglés ☐ junto ☐ lingüística ☐ mañana ☐ no ☐ o ☐ padre
☐ porque ☐ profesor ☐ qué ☐ solo/la ☐ tomar ☐ trabajar ☐ viajar ☐ vivir

Gramática 2

1. 主語人称代名詞　　　　主語＝「〜は、が」の形

	単数（ひとり）	複数（2人以上）
1人称（話し手）	私は（が）　**yo**	私たちは（が）　**nosotros** (-as*)
2人称（聞き手）	君は（が）　**tú**	君たちは（が）　**vosotros** (-as*)
3人称（それ以外の人、もの）	彼は（が）　**él**	彼らは（が）　**ellos**
	彼女は（が）　**ella**	彼女たちは（が）　**ellas**
	あなたは（が）**usted**＊＊（敬称）	あなた方は（が）**ustedes**＊＊（敬称）

＊全員女性の場合は nosotras, vosotras　＊＊敬称の「あなた、あなた方」は3人称扱い。

⇒このテキストでは以下「君（たち）」を親しい相手、「あなた（方）」を敬称とする。

2. 直説法現在・規則活用

「動詞は主語の人称と数に一致して6つに変化」

＊動詞の不定詞（原形）は語尾 -ar, -er, -ir のいずれか。規則活用は語尾のみ変化。
＊現在形は、現在の習慣・行為、一般的事実、確実な未来等を表す。

1) 直説法現在・規則活用 **-ar**（アール）動詞・**-er**（エール）動詞・**-ir**（イール）動詞

　　　　　　habl**ar**「話す」　　　　com**er**「食べる」　　　　viv**ir**「住む」

	単数	複数	単数	複数	単数	複数
1人称	habl**o**	habl**amos**	com**o**	com**emos**	viv**o**	viv**imos**
2人称	habl**as**	habl**áis**	com**es**	com**éis**	viv**es**	viv**ís**
3人称	habl**a**	habl**an**	com**e**	com**en**	viv**e**	viv**en**

hablo =	habl「話す」	+ o「私は〜する」
hablas =	habl	+ as「君は〜する」
habla =	habl	+ a「彼（その他）は〜する」
hablamos =	habl	+ amos「私たちは〜する」
habláis =	habl	+ áis「君たちは〜する」
hablan =	habl	+ an「彼ら（その他）は〜する」

3. 文の組み立て

1. 主語（〜が、は）＋ 動詞（活用形）が基本。それ以外の語は動詞の後に。

　María vive en Barcelona.　Hablo con el profesor mañana.　（注）主語代名詞は省略可

2. ¿疑問詞＋動詞＋主語？。疑問詞のない疑問文は主語と動詞を倒置しなくてもよい。

　¿Cuándo viajan ustedes a España?　　¿Tu hijo trabaja aquí?

3. 否定文は、no ＋ 動詞。

　Alfonso no habla francés.

4. 所有形容詞・前置形

		単数	複数	
1	私の	**mi** (-s)	私たちの　**nuestro** (-a,os,as)	*mi* hermano
2	君の	**tu** (-s)	君たちの　**vuestro** (-a,os,as)	*mis* hermanos
3	彼/彼女/あなたの	**su** (-s)	彼ら/彼女たち/あなた方の　**su** (-s)	*nuestra* cámara

＊語尾 **-o** は修飾する名詞すなわち所有物の性数に一致して **o, a, os, as** に。他は複数 **-s** のみ。
＊前置形は名詞の前で用いる。（⇒4課・後置形）。

Vamos a practicar 2

[A] 適切な単語を入れ、会話しなさい。
1) ¿Hablas (　　　　　　　)? .. Sí, hablo (　　　　　　　). ［日本語］
2) ¿Hablas (　　　　　　　)? .. No, no hablo (　　　　　　　). ［中国語］
3) ¿Habla usted (　　　　　　　)? .. No, no hablo (　　　　　　　). ［英語］
4) ¿Habláis (　　　　　　　)? .. Sí, hablamos (　　　　　　　). ［スペイン語］
5) ¿Hablan ustedes (　　　　　　　)? .. No, no hablamos (　　　　　　　).
   　　　　　　　　　　　　　　　　　　　　　　　　　　　　　　［ロシア語］

6) ¿Comes (　　　　　　　)? .. No, como (　　　　　　　). ［肉 / 魚］
7) ¿Coméis (　　　　　　　)? .. No, comemos (　　　　　　　). ［パン / 米］
8) ¿Qué come Ud.? .. Como (　　　　　　　). *Ud.(Vd.) = usted ［果物］
9) ¿Qué comen Uds.? .. Comemos (　　　　　　　). *Uds.(Vds.) = ustedes
   　　　　　　　　　　　　　　　　　　　　　　　　　　　　　　［パエリア］
10) ¿Qué comen ellos?.. Comen (　　　　　　　). ［生ハム］

[B] estudiar「勉強する」、comprender「理解する」を現在形にしなさい。さらに [ ] 内の主語で言い替えなさい。
1) (Estudiar, *nosotros*　　　　　　　) inglés y español. [yo]
2) ¿(Estudiar, *tú*　　　　　　　) francés? [vosotros]
3) Juan y María (estudiar　　　　　　　) alemán. [él]
4) Mi hermana (comprender　　　　　　　) ruso. [nosotros]
5) ¿(Comprender, *tú*　　　　　　　) japonés? [usted]
6) (Comprender, *yo*　　　　　　　) español e* inglés. [ustedes]
   　　　　　　　　　　　　　　　　　　*y は i, hi の前で e に。

[C] vivir を現在形にし、日本語は適切な所有詞形容詞にしなさい。
1) ¿Dónde vives? .. (Vivir　　　　　　　) en Tokio.
2) ¿Con quién vives? .. (Vivir　　　　　　　) con (私の　　　　　　　) padres.
3) ¿Dónde vivís? .. (Vivir　　　　　　　) en Madrid.
4) ¿Con quién vivís? .. (Vivir　　　　　　　) con (私たちの　　　　　　　) hija.

5) ¿(君たちの　　　　　　　) padre (vivir　　　　　　　) en Estados Unidos?
   .. No, (vivir　　　　　　　) en México.
6) ¿(Vivir　　　　　　　) usted con (あなた (敬称) の　　　　　　　) familia?
   .. No, (vivir　　　　　　　) solo.

★　☐ alemán　☐ arroz　☐ carne　☐ chino　☐ comprender　☐ Estados Unidos　☐ fruta
　　☐ México　☐ paella　☐ pan　☐ pescado　☐ ruso

Ejercicios 2

練習 1　直説法現在の適切な活用形を入れ、全文を和訳しなさい。

1) Yo (trabajar → 　　　　　　) en un banco.
2) Nosotros (viajar → 　　　　　　　) a Madrid.
3) ¿Qué (comprar → 　　　　　　) tú?
4) Él (hablar → 　　　　　　) inglés y francés muy bien.
5) ¿Qué (comer → 　　　　　　) vosotros?
6) Yo (leer → 　　　　　　) una novela mexicana.
7) Ellos (vender → 　　　　　　) vino.
8) ¿(Beber → 　　　　　　) usted cerveza?
9) Nosotros (abrir → 　　　　　　) la caja.
10) ¿(Escribir → 　　　　　　) cartas a tus amigos? [tú]

練習 2　スペイン語にしなさい。
　　　　　（注）このテキストでは以下「君（たち）」を親しい相手、「あなた（方）」を敬称とする。

1) 私は横浜に住んでいる。
2) Teresa は日本語(japonés)を話さない。
3) あなた方はスペイン語を習って(aprender)いるのですか？
4) 私たちは今夜(esta noche)飛行機に乗ります(subir al avión)。 *a + el → al (⇒ 4 課)
5) 君はいつそのコンピュータ(ordenador)を使いますか(usar)？

練習 3　適切な所有形容詞を入れなさい。

1) 私の父（　　　　　　) padre
2) 君の両親（　　　　　　) padres
3) 私たちの母（　　　　　　) madre
4) 彼らの家（　　　　　　) casa
5) 彼の友人たち（　　　　　　) amigos
6) あなた方(敬称)の娘たち（　　　　　　) hijas
7) 君たちの祖母（　　　　　　) abuela
8) あなた(敬称)の孫息子（　　　　　　) nieto
9) 彼の息子たち（　　　　　　) hijos
10) 私たちの大学（　　　　　　) universidad

☆　☐ abrir　☐ abuela　☐ aprender　☐ avión　☐ banco　☐ beber　☐ caja　☐ carta
　　☐ comprar　☐ escribir　☐ leer　☐ madre　☐ nieto/ta　☐ noche　☐ novela
　　☐ ordenador　☐ subir　☐ usar　☐ vender　☐ vino

Lección 3

Soy japonés.
「私は日本人です」

Expresiones

① Yo soy Taro Tanaka.
② Soy estudiante.
③ Soy japonés, de Tokio.

④ Alfonso es mexicano.
⑤ Él es alto y simpático.
⑥ Blanca es española.
⑦ Ella es simpática también.
⑧ Ahora estamos en la universidad.
⑨ La universidad está cerca de la estación de metro.

⑩ A: ¿Trabajan tus padres?
⑪ B: Sí. Mi padre es médico y mi madre es profesora.
⑫   Están ocupados.

⑬ A: Este es Alfonso. Este perro es de Alfonso.
⑭   Esta es Blanca. Este bolso es de Blanca.
⑮ B: ¿Qué es esto?
⑯ A: Es turrón, un dulce navideño muy típico de España.

turrón トゥロン（アーモンド粉を練った菓子）
navideño クリスマスの ＜ **Navidad** クリスマス

☐ alegre ☐ alto ☐ amplio ☐ Bolivia ☐ bolso ☐ cerca de ☐ Chile ☐ cuchara ☐ delante de ☐ diccionario ☐ dulce ☐ estación ☐ estar ☐ guapo ☐ habitación ☐ limpio ☐ madera ☐ metro ☐ ocupado ☐ profesora ☐ saber ☐ ser ☐ simpático ☐ sombrero ☐ sopa ☐ también ☐ típico ☐ torre ☐ triste

Gramática 3

1. ser「です」の直説法現在

soy	somos
eres	sois
es	son

＊**ser** の構文 ... A+ ser + B「A は B です」(性質) ＊形容詞や職業・身分の名詞は主語に**性数一致**。

　　Él *es* japonés.　　　　　　　　　　Ellos *son* japoneses.
　　Ella *es* japonesa.　　　　　　　　　Ellas *son* japonesas.
　◇ **ser de** 〜の表現
　　[出身・産地] Luisa *es de* Bolivia.　　　Este vino *es de* Chile.
　　[所有] Este diccionario *es de* Antonio.
　　[材料] Esta silla *es de* madera.

2. estar「(場所/状態に) いる、ある」の直説法現在

estoy	estamos
estás	estáis
está	están

＊**estar** の構文 ... 状態 (1) と所在 (2) の2つの意味。

(1) A + estar + B「A は (一時的に) B です」(状態) ＊形容詞は主語に**性数一致**。
　　El profesor *está* ocupado.
　　La profesora *está* ocupada.
(2) A + estar + 場所「A は .... にいる、ある」(所在)
　　El profesor *está* en la universidad.
　　La librería *está* delante de la universidad.
　　　　　　　(注) 主語には定冠詞や指示詞・所有詞などがつく。⇔ hay は不定冠詞。

　◇ **ser** と **estar** の使い分け (変わらない(永続的)性質 vs. 一時的な状態)
　　Arturo *es* alegre, pero hoy *está* triste.
　　Esta habitación *es* amplia y *está* limpia.
　　Blanca *es* guapa. / Blanca *está* guapa.

3. 指示形容詞

	「この」		「その」		「あの」	
	単数	複数	単数	複数	単数	複数
男	este	estos	ese	esos	aquel	aquellos
女	esta	estas	esa	esas	aquella	aquellas

＊修飾する名詞の性数に一致して語尾が変化。

　　este libro　　　　*estos* sombreros
　　aquella torre　　　*esas* flores

＊「これ/それ/あれ」(指示代名詞) として用いる場合、名詞を省略する (性数一致は残る)。
　　estos sombreros → *estos* これら　　　*aquella* torre → *aquella* あれ
＊性の分からないときや、「こ(そ・あ)のこと」の意味には中性形を使用。**esto, eso, aquello**
　　¿Qué es *esto*? Es una cuchara de sopa.
　　Él no sabe *eso*.

Vamos a practicar 3

[A] 適切な単語を入れなさい。
1) ¿Vosotros sois (　　　　　　)?　　　　　　　　　　　[メキシコ人]
2) Tú eres (　　　　　).　　　　　　　　　　　　　　　　[学生]
3) Mi madre es (　　　　　　).　　　　　　　　　　　　[会社員]
4) Esta chica es (　　　　　　).　　　　　　　　　　　[スペイン人]
5) Mi hermano es (　　　　　　).　　　　　　　　　　　[ウエイター]

[B] 適切な単語を入れなさい。(定)の語には定冠詞もつけなさい。
1) Vosotros estáis en (　　　　　　).　　　　　　　　　[図書館(定)]
2) ¿Estás en (　　　　　)?　　　　　　　　　　　　　　[家]
3) Mi perro está en (　　　　　　).　　　　　　　　　　[庭(定)]
4) Mis amigas están en (　　　　　　).　　　　　　　　[広場(定)]
5) Estamos en (　　　　　　).　　　　　　　　　　　　　[空港(定)]

[C] ser、estar を現在形にしなさい。さらに [ ] 内の主語で言い替えなさい。
1) ¿(Ser, *vosotros*　　　　　) cubanos?　　　　　　　[tú]
2) Mi padre (ser　　　　　) médico.　　　　　　　　　[mis padres]
3) (Ser, *yo*　　　　　) japonés.　　　　　　　　　　　[nosotros]
4) ¿(Estar, *vosotros*　　　　　) libres?　　　　　　　[ustedes]
　.. No, (estar　　　　　) ocupados.
5) Nuestra universidad (estar　　　　　) delante de la estación.　[yo]
6) ¿Dónde (estar, *tú*　　　　　) ahora?　　　　　　　[usted]
　.. (Estar　　　　　) en el estadio de fútbol.

[D] 指示形容詞と名詞を入れなさい。
1) ¿(　　　　　)(　　　　　　) es de Mario?　　　　　[あの帽子]
2) (　　　　　)(　　　　　　) son de Alemania.　　　　[これらの車]
3) ¿(　　　　　)(　　　　　　) son de Roberto?　　　　[それらのペン]
4) (　　　　　)(　　　　　　) es de Japón.　　　　　　[このカメラ]
5) (　　　　　)(　　　　　　) es de jamón.　　　　　　[このボカディージョ]

★　☐ aeropuerto　☐ Alemania　☐ biblioteca　☐ camarero　☐ cubano　☐ empleado
　☐ estadio　☐ fútbol　☐ Japón　☐ libre　☐ médico　☐ plaza　☐ pluma

Ejercicios 3

練習 1 ser の直説法現在の適切な活用形を入れ、全文を和訳しなさい。

1) Nosotros (　　　　　) estudiantes.
2) Tú (　　　　　) japonés.
3) Usted (　　　　　) amable.
4) María no (　　　　　) profesora.
5) Vosotros (　　　　　) españoles.
6) ¿De dónde (　　　　　) tú?
7) Yo (　　　　　) de Osaka.

練習 2 estar の直説法現在の適切な活用形を入れ、全文を和訳しなさい。

1) Ellas (　　　　　) en casa.
2) Mi padre (　　　　　) en la oficina.
3) ¿Dónde (　　　　　) vuestra universidad?
4) Yo (　　　　　) cansado.
5) Nosotros (　　　　　) ocupados.
6) ¿Cómo (　　　　　) usted?
7) ¿(　　　　　) libre hoy? [tú]

練習 3 適切な指示形容詞・指示代名詞を入れなさい。

1) あの大学 (　　　　　) universidad
2) これらの友人たち (　　　　　) amigos
3) それらの写真 (　　　　　) fotos
4) この本は高いが、それは安い。(　　　　　) libro es caro, pero (　　　　　) es barato.
5) このリンゴは赤いが、あれは緑だ。(　　　　　) manzana es roja, pero (　　　　　) es verde.
6) それは何ですか？ — チョコレートです。¿Qué es (　　　　　)? – Es un chocolate.

練習 4 指示形容詞および ser と estar のうち適切な方を用いてスペイン語にしなさい。

1) このスープ (sopa) は冷めて (frío) いる。
2) この時計 (reloj) はイタリア製だ。
3) この時計は壊れて (roto) いる。
4) あのテーブル (mesa) は大きい (grande)。
5) その窓 (ventana) は開いて (abierto) います。

★
☐ abierto　☐ amable　☐ barato　☐ cansado　☐ caro　☐ cómo　☐ frío　☐ hoy
☐ oficina　☐ reloj　☐ roto　☐ ventana　☐ verde

Lección 4

Voy a la universidad en tren.
「電車で大学に行きます」

Expresiones

① Todos los días voy a la universidad en tren.
② Espero a mi amiga Blanca en la estación, y luego vamos juntos.
③ *Taro*: ¡Hola, Blanca! ¿Qué tal?
④ *Blanca*: Buenos días, Taro. ¿Adónde vas esta tarde?
⑤ *Taro*: Voy al museo.
⑥ Hoy voy a ver una exposición de Goya.

⑦ A: ¿Este móvil es tuyo?
⑧ B: No, no es mío.
⑨ A: ¿Dónde está el tuyo?
⑩ B: El mío está en el bolso.

⑪ A: ¿Hay alguna estación de metro por aquí?
⑫ B: Sí, hay una delante de ese bar.

esta tarde 今日の午後
Goya ゴヤ（スペインの画家。**Francisco de Goya** 1746-1828）
hay una = **hay una estación**（冠詞の代名詞用法）

☐ adónde ☐ alguno ☐ buenos días ☐ dar ☐ esperar ☐ exposición ☐ hola
☐ ir ☐ luego ☐ móvil ☐ museo ☐ por aquí ☐ qué tal ☐ regalo ☐ salir
☐ todos los días ☐ tren ☐ ver ☐ verano ☐ viejo

Gramática 4

1. ir「行く」の直説法現在

voy	vamos
vas	vais
va	van

Voy a la universidad todos los días.（ir a + 場所）「～に行く」
Voy a viajar a España en verano.（ir a + 不定詞 ①近い未来/②目的）「①～だろう②～しに行く」
Voy a la biblioteca a estudiar.
Vamos a comer.（vamos a + 不定詞）「～しましょう」

2. 所有形容詞・後置形

	単数		複数	
1	私の	**mío** (-a,os,as)	私たちの	**nuestro** (-a,os,as)
2	君の	**tuyo** (-a,os,as)	君たちの	**vuestro** (-a,os,as)
3	彼/彼女/あなたの	**suyo** (-a,os,as)	彼ら/彼女たち/あなた方の	**suyo** (-a,os,as)

＊語尾 -o は修飾する名詞（所有物）の性数に一致して **o, a, os, as**。名詞の前でなければ後置形。
＊定冠詞 + 後置形で「～のもの」（定冠詞を伴い**所有代名詞**。省略された名詞に性数一致。）

unos libros *míos*　　esa cámara *vuestra*　　　　　　　　　　[名詞 + 後置形]
Este coche es *suyo*.　Esta cámara es *suya*.（*主語に性数一致）[ser + 後置形]
Tu cámara es nueva, pero *la mía es* vieja.　　　　　　　　　[定冠詞 + 後置形]

3. hay と estar の使い分け … 存在・所在表現のまとめ

hay …「不定のものがある」「あるかないか」を問題にする。（不定 = 聞き手はわからないもの）
hay + 不定冠詞（数詞・不定語）+ 名詞 + 場所　　＊hay は haber 現在3人称単数形（⇒1課・存在文）
　Hay un hotel en esta calle.「この通りにホテルがある。」
　¿*Hay* algún hotel por aquí?「このあたりにホテルはありますか？」
estar …「定のものは～にある」「どこにあるか」を問題にする。（定 = 聞き手もわかっているもの）
定冠詞（指示詞・所有詞）+ 名詞 / 固有名詞 / 人称代名詞 + **estar** + 場所
　El hotel *está* en esta calle.「（その）ホテルはこの通りにある。」
　¿Dónde *está* el hotel?「（その）ホテルはどこにありますか？」
　Blanca *está* en la universidad. *Estoy* en casa.

4. 主要な前置詞

a（方向、相手、時刻）「へ、に、（人）を」＊a+el → al
　Voy *al* banco *a* las nueve.　　　　　　　Vamos *a* la biblioteca.
　David da un regalo *a* su amiga.　　　　　Pedro busca *a* Luis.
de（所有、属性、起点）「～の」「～から」＊de+el → del
　casa *de* Jaime　　　casa *del* amigo
　Salimos *de* casa ahora mismo.
en（場所）「～（の中/上）に、で」（交通手段）「～で」
　Estudio español *en* la universidad.
　Voy a la universidad *en* tren.
con（随伴、道具）「～と」
　Vivo *con* mi familia.

Vamos a practicar 4

[A] 適切な語句を入れなさい。
1) Voy a la (　　　　　) en (　　　　　　　). ［大学／自転車］
2) Mi padre va a la (　　　　　) en (　　　　　). ［事務所／バス］
3) Vamos al (　　　　　) en (　　　　　　). ［美術館／地下鉄］
4) Van al (　　　　　) en (　　　　　　). ［劇場／電車］
5) ¿Vas al (　　　　　)(　　　　　)(　　　　　)? ［公園／歩いて］

[B] ir の現在形を入れなさい。
1) El señor Fernández (　　　　　　) al teatro en metro.
2) Los estudiantes (　　　　　　) a la biblioteca.
3) ¿(　　　　　　) ustedes a la universidad en autobús? .. No, (　　　　　　) a pie.
4) ¿Adónde (　　　　　)? [vosotros] .. (　　　　　) al hospital.
5) ¿Adónde (　　　　　)? [tú] .. (　　　　　) al cine.

[C] 所有形容詞後置形を入れて会話しなさい。
1) ¿Este sombrero es tuyo? .. Sí, es (　　　　　　).
2) ¿Esta cámara es vuestra? .. Sí, es (　　　　　　).
3) ¿Esta bicicleta es de Mario? .. No, no es (　　　　　　). Es de María.
4) ¿Este coche es de tus padres? .. Sí, es (　　　　　　).
5) ¿Son (君の　　　　) estos perros? .. Sí, son (　　　　　　).
6) ¿Es (あなたの　　　　) esta pluma? .. No, la (　　　　　　) está en este bolso.

[D] 適切な語句を入れなさい。
1) ¿Dónde está la parada de taxis? .. Está (　　　　　) del (　　　　　). ［銀行の前］
2) ¿Dónde está la salida? .. Está a la (　　　　　) de la (　　　　　). ［切符売場の左］
3) ¿Dónde está el banco? .. Está (　　　　　) de la (　　　　　). ［駅の裏］
4) ¿Dónde está el ascensor? .. Está (　　　　　) de la (　　　　　). ［入口の正面］
5) ¿Dónde está el servicio? .. Al (　　　　　), a la (　　　　　). ［右手奥］

★
☐ a pie ☐ ascensor ☐ autobús ☐ bicicleta ☐ cine ☐ derecha ☐ detrás de
☐ enfrente de ☐ entrada ☐ fondo ☐ izquierda ☐ parada ☐ salida ☐ señor
☐ servicio ☐ taquilla ☐ taxi ☐ teatro

Ejercicios 4

練習 1 ir の直説法現在の適切な活用形を入れ、全文を和訳しなさい。

1) Nosotros (　　　　) a la biblioteca por la tarde.
2) Tú (　　　　) a escribir una carta a María, ¿no?
3) Yo (　　　　) al teatro mañana por la noche.
4) ¿Adónde (　　　　) vosotros?
5) Juan y María (　　　　) a casarse.　　　*casarse 結婚する（⇒ 10 課参照）

練習 2 1) 2) は所有形容詞の後置形を入れなさい。3) 4) 5) は全文をスペイン語にしなさい。

1) これらの本は私のです。Estos libros son (　　　　).
2) このノートは君のです。Este cuaderno es (　　　　).
3) 僕の辞書は古い(viejo)が君のは新しい(nuevo)。
4) 彼らの部屋(habitación)は大きい(grande)が、私たちのは小さい(pequeño)。
5) 今日(hoy)私は私の数人の友人たちと映画(cine)に行きます。

練習 3 hay と estar の使い分けに注意して、スペイン語にしなさい。

1) 駅の右に(a la derecha de)バス停(una parada de autobús)があります。
2) 東京駅(la estación de Tokio)はどこにありますか？－あのビル(edificio)の裏手に(detrás de)あります。
3) 広場(plaza)には多くの(mucho)店(tienda)がありますか？
4) 公園(parque)に黒(negro)猫(gato)が二匹いる。
5) 私の家はスーパーマーケット(supermercado)のとなりに(al lado de)あります。

練習 4 日本語の意味になるように、括弧内に適切な前置詞を入れなさい。

1) 箱の中に何がありますか？ ¿Qué hay (　　　　) la caja?
2) 私たちはアトーチャ駅に行く。Vamos (　　　　) la estación de Atocha.
3) 兄は東京で働いている。Mi hermano trabaja (　　　　) Tokio.
4) María は彼女の友人を待っている。María espera (　　　　) su amigo.
5) 歴史の本が一冊ある。Hay un libro (　　　　) historia.

☆ ☐ casarse　☐ cuaderno　☐ edificio　☐ gato　☐ historia　☐ lado　☐ negro　☐ ¿no?
　☐ por la noche　☐ por la tarde　☐ supermercado　☐ tienda

Lección 5

Quiero comer paella.
「パエリアを食べたい」

 CD-38

Expresiones

① A: ¿Qué quieres comer?
② B: Quiero comer paella.

③ A: ¿Puedes dejarme tu diccionario?
④ B: Sí, aquí tienes.

⑤ A: ¿Puedo cerrar la ventana? Tengo frío.
⑥ B: Sí, de acuerdo.

⑦ A: ¿Por qué no vienes a mi casa con tu hermano este sábado?
⑧ B: Sí, está bien, pero mi hermano no puede venir conmigo.
⑨　 Dice que tiene trabajo este sábado.

⑩ A: Esta noche salgo con Carmen.
⑪　 Vamos a ver una película mexicana.
⑫ B: No conozco a Carmen. ¿Es tu novia?

querer（＋不定詞）～したい
paella [女] パエリア（スペイン風炊き込みご飯）
poder（＋不定詞）～できる / ～てもよい / ～てくれる
dejarme ＝ **dejar**（貸す）＋ **me**（私に）⇒６課
aquí tienes（物を渡しながら）はいどうぞ
¿por qué no ～?　～しませんか？
está bien　了解です、結構です

☐ caber　☐ caer　☐ cerrar　☐ conducir　☐ conmigo　☐ conocer　☐ construir
☐ decir (que)　☐ dejar　☐ hacer　☐ huir　☐ incluir　☐ novio/via　☐ oír　☐ parecer
☐ película　☐ pero　☐ poder　☐ poner　☐ producir　☐ querer　☐ sábado　☐ tener
☐ trabajo　☐ traer　☐ venir

Gramática 5

不規則動詞も主語の人称と数に一致して6つに変化する。この課で扱う不規則動詞にはserやirと異なり、何かしらの規則性がある。

1. 直説法現在不規則活用・1人称単数不規則型・綴り字変化

1) 1人称単数（yo）の形のみ不規則なもの

hacer「する、作る」

hago	hacemos
haces	hacéis
hace	hacen

salir「出る、出かける」

salgo	salimos
sales	salís
sale	salen

poner「置く」

pongo	ponemos
pones	ponéis
pone	ponen

traer「持ってくる」

traigo	traemos
traes	traéis
trae	traen

conocer＊「知る、面識がある」

conozco	conocemos
conoces	conocéis
conoce	conocen

saber「知る、知識がある」

sé	sabemos
sabes	sabéis
sabe	saben

＊母音 + cer / cir 型共通 ... conducir「運転する」, producir「生産する」, parecer「～に見える」, etc.
　　　　　cf. 他に caer「落ちる」→ caigo, caber「余地がある」→ quepo

2) 綴り字に注意するもの

（a）1人称単数形のみ不規則な単音節動詞

ver「見る、見える」

veo	vemos
ves	veis
ve	ven

dar「与える」

doy	damos
das	dais
da	dan

（b）y挿入型 ... 1人称単数以外にも綴り字変化（L字型）

construir＊「建設する」

constru**yo**	construimos
constru**yes**	construís
constru**ye**	constru**yen**

oír「聞く、聞こえる」

oigo	oímos
o**yes**	oís
o**ye**	o**yen**

＊uir 型 ... huir「逃げる」, incluir「含む」, etc.

2. querer, poder ... 語幹母音変化動詞（L字型）＊e-ie, o-ue, e-iの母音変化（⇒文法補足1）

querer「したい / ほしい / 愛する」

qu**ie**ro	queremos
qu**ie**res	queréis
qu**ie**re	qu**ie**ren

poder「できる / てもよい / てくれる」

p**ue**do	podemos
p**ue**des	podéis
p**ue**de	p**ue**den

3. tener, venir, decir ... タイプ1と2のMIX型（L字型）

tener「持っている」

tengo	tenemos
t**ie**nes	tenéis
t**ie**ne	t**ie**nen

venir「来る」

vengo	venimos
v**ie**nes	venís
v**ie**ne	v**ie**nen

decir「言う」

digo	decimos
dices	decís
dice	dicen

Vamos a practicar 5

[A] 動詞を適切な現在形にしなさい。
1) ¿Qué quieres hacer? .. (Querer   ) ir al cine.
2) ¿Qué queréis hacer? .. (Querer   ) ver un partido de fútbol.
3) Ana (querer   ) jugar al tenis.
4) Mis padres (querer   ) visitar la Alhambra.
5) ¿ (Poder, *yo*   ) usar este ordenador?
6) (Poder, *ustedes*   ) entrar en esta habitación.
7) ¿ (Poder, *tú*   ) venir con nosotros?
8) No (poder, *nosotros*   ) decir la verdad.

[B] 数字と単語を入れなさい。
1) ¿Cuántos años tienes? .. Tengo (19   ) años.
2) Mi hermano tiene (23   ) años.
3) Mi abuelo tiene (85   ) años.
4) ¿Cuántos hermanos tienes?
   .. Tengo un (兄弟   ) menor y dos (姉妹   ) mayores.
5) Juan y María tienen una (娘   ) y un (息子   ).

[C] 巻末 Suplemento「時の表現」を参考に適切な数字と語句を入れ、動詞は現在形にしなさい。
1) ¿A qué hora sale el (電車   )?
   .. Sale a las (   ) de la (   ).   [午前6時]
2) ¿A qué hora sale el (飛行機   )?
   .. Sale a las (   ) y media de la (   ).   [午前8時半]
3) ¿A qué hora llega el (バス   )?
   .. Llega a las (   ) y (   ) de la (   ). [午前10時20分]
4) ¿A qué hora salen los (観光客   )?
   .. Salen a las (   ) menos (   ) de la (   ). [午後4時5分前]
5) ¿A qué hora sales de casa?
   .. (Salir   ) a las (   ) y cuarto de la (   ). [午前7時15分]
6) ¿A qué hora llegas a la universidad?
   .. (Llegar   ) a las (   ) menos cuarto de la (   ). [午前9時15分前]

★
□ a qué hora □ abuelo □ Alhambra □ año □ cuánto □ cuarto □ jugar
□ llegar □ mayor □ media □ menor □ menos □ partido □ piscina □ tenis
□ turista □ verdad □ visitar

2つの「知る」conocer と saber
Conozco a María. / Sé que María es española.

2つの「できる」poder+ 不定詞と saber+ 不定詞
La piscina está abierta. Pueden nadar. / ¿Saben nadar?

基数 31 から 100
31 treinta y uno ... 40 cuarenta   50 cincuenta   60 sesenta
70 setenta   80 ochenta   90 noventa ... 99 noventa y nueve   100 cien

Ejercicios 5

練習 1 直説法現在の適切な活用形を入れ、全文を和訳しなさい。（タイプ1の動詞）

1) Yo (poner →   ) una revista en la mesa.
2) Nosotros (hacer →   ) unas preguntas al profesor.
3) Yo (salir →   ) de casa a las nueve y diez de la mañana.
4) ¿(Ver →   ) vosotros la televisión todos los días?
5) Yo (traer →   ) un diccionario siempre.
6) Inés (oír →   ) la radio todas las mañanas.
7) Yo (conocer →   ) al señor García.
8) ¿(Saber →   ) que tenemos un examen hoy? [tú]
9) Yo (dar →   ) unas flores a mi amiga.
10) ¿(Conocer →   ) usted a la señora López?

練習 2 直説法現在の適切な活用形を入れ、全文を和訳しなさい。（タイプ 2,3 の動詞）

1) ¿(Querer →   ) café? [tú]
2) ¿(Poder →   ) usted cerrar la puerta?
3) Yo te (decir →   ) cuándo* puedo ir. *間接疑問「いつ～なのか」
4) Mañana yo (venir →   ) en coche.
5) Tú (tener →   ) que estudiar mucho.

                *tener que+ 不定詞「～しなければならない」

練習 3 スペイン語にしなさい。（現在・不規則活用）

1) 君は泳げます(nadar)か？ － はい、私は泳げます。
2) あなた方はここでは煙草を吸う(fumar)ことができません。
3) 彼女にはスペイン人の男友達(amigo)がいる。
4) 私は今日の午後(esta tarde)買い物に行き(ir de compras)たい。
5) [窓口の人に] この小包(este paquete)を日本へ航空便で(por avión)送って(enviar)もらえますか？

☆ ☐ enviar ☐ fumar ☐ ir de compras ☐ nadar ☐ paquete ☐ por avión ☐ pregunta ☐ puerta ☐ radio ☐ salir de casa ☐ señora ☐ siempre ☐ tener que ☐ todas las mañanas

Vamos a aprender más

LECTURA 1 Las antiguas civilizaciones de América

Los primeros pobladores de América llegan desde Asia al atravesar el Estrecho de Bering. Desde el norte descienden y poco a poco organizan y conforman diversas sociedades que luego alcanzan un gran desarrollo cultural. Los aztecas fundan en el valle de México una cultura poderosa que suma los aportes de la antigua cultura tolteca. Esta tiene sus apoyos en un dios protector de las artes, que llaman "Quetzalcóatl" o "serpiente emplumada". La cultura azteca es fuerte desde el punto de vista militar y domina las poblaciones que se asientan en todo el valle de México. En el año 1325 fundan Tenochtitlán, una ciudad que construyen sobre un lago y es la capital del imperio. Allí está la actual Ciudad de México.

Más al sur se establece la cultura maya, en la península de Yucatán. Es una cultura pacífica, se basa en la agricultura y construye grandes templos y pirámides. También desarrolla la escritura y las matemáticas. Sus sabios y sacerdotes estudian el movimiento de los astros, esto les permite elaborar un calendario exacto. Esta cultura abarca distintos países, tales como México, Guatemala, Honduras, El Salvador y Belice.

En América del sur se constituye la cultura inca, que se establece en la cordillera de los Andes. Esta sociedad también trabaja la tierra y construye importantes caminos y acueductos. La autoridad de esta cultura la tiene el inca, un rey vigoroso, que se cree descendiente del sol.

En la actualidad, estos territorios forman parte de la cultura hispanoamericana, que tiene como lengua común el español.

NOTAS

al +不定詞　～するとき、～して
Estrecho de Bering ベーリング海峡
（名詞）+ que +（文）que は関係代名詞
aporte [男] 貢献、寄与
sumar los aportes de ～の功績を引き継ぐ
cultura tolteca トルテカ文明（10-12世紀メキシコ）
esta 後者（la antigua cultura tolteca を指す）
apoyo [男] 支持、支え、根拠
Quetzalcóatl ケツァルコアトル
emplumado 羽のはえた
se asientan < asentarse 定住する
Tenochtitlán テノチティトラン
se establece < establecerse 設立される、確立される

península de Yucatán ユカタン半島
se basa en < basarse en ～に基づく
escritura [女] 文字、書記法
esto （前の内容を受け）そのことは
tal(es) como ～　～のような、～など
se constituye < constituirse 構成される
cordillera de los Andes アンデス山脈
trabajar la tierra 土地を耕す
la tiene　la は la autoridad de esta cultura を指す目的語代名詞（⇒ 6課）
inca インカの、[男] インカの皇帝
se cree < creerse 考えられる
formar parte de ～　～の一部をなす

Vamos a aprender más

Gramática[apéndice1]

| 文法補足 1 | 語幹母音変化動詞の 3 つのタイプ |

1. 語幹母音変化動詞

「語幹と語尾」hablar = habl（語幹）+ ar（語尾）
規則活用動詞は語尾のみ変化するが、語幹も変化するタイプがある＝「語幹母音変化動詞」
　　＊直説法現在の語幹の母音変化は 3 つのタイプ
　　　① **e-ie** ② **o-ue** ③ **e-i**（不定詞 - 現在）
　　　現在形では、アクセントのおかれる語幹（単数形 3 つと 3 人称複数形）で母音が変化
　＊語尾は規則変化（-ar, -er, -ir それぞれの規則活用語尾）

語幹母音変化動詞・直説法現在

① e-ie 型　　　　　　② o-ue 型　　　　　　③ e-i 型
pensar「考える」　　**volver**「戻る」　　**pedir**「頼む」

p**ie**nso	pensamos	v**ue**lvo	volvemos	p**i**do	pedimos
p**ie**nsas	pensáis	v**ue**lves	volvéis	p**i**des	pedís
p**ie**nsa	p**ie**nsan	v**ue**lve	v**ue**lven	p**i**de	p**i**den

　＊[練習] 例にならって現在形の活用表を作成しなさい。
　①型 entender「理解する」　②型 encontrar「見つける」　③型 repetir「繰り返す」

ent**ie**ndo *		enc**ue**ntro *		rep**i**to *	

　　　　　　　　　　　　　　　　　　　　　　　　＊3 音節以上の単語は、語尾に一番近い母音が変化する
　①型 sentir「残念に思う、感じる」　②型 dormir「眠る」　③型 seguir「続ける」

s**ie**nto		d**ue**rmo		s**i**go **	
				s**i**gues	

　　　　　　　　　　　　　　　　　　　　　　　　　　　　　＊＊1 人称単数のみ綴り字に注意！

（注）**jugar**「遊ぶ、（球技等を）する」は **u-ue** 型　j**ue**go, j**ue**gas, j**ue**ga, jugamos, jugáis, j**ue**gan

---

- ir 動詞の語幹母音変化

-ir 動詞は点過去でも語幹母音変化が起こる。
点過去で出現する母音も含めると、母音変化の 3 つの型は「不定詞 - 現在 - 点過去＊」の順に、以下
のようにまとめられる。（括弧内は不定詞 - 現在 1 人称単数 - 点過去 3 人称単数）
　① **e - ie - i** 型（sentir - s**ie**nto - s**i**ntió）
　② **o - ue - u** 型（dormir - d**ue**rmo - d**u**rmió）
　③ **e - i - i** 型（pedir - p**i**do - p**i**dió）
　＊現在分詞（⇒文法補足 2）、接続法現在 1, 2 人称複数（⇒13 課）でも点過去と同じ母音が出現する。

アクセント符号に注意する動詞（L 字型）（以下は直説法現在 1 人称単数を示す）
　　enviar「送る」→ envío　　　**continuar**「続ける」→ continúo
　　reunir「集める」→ reúno　　**prohibir**「禁止する」→ prohíbo

Vamos a aprender más

LECTURA 2   Bares y tapas

En España, existe un gran número de bares, cafeterías, cervecerías, etc. En los bares se disfruta de bebidas y comidas. Las tapas son porciones de comida que normalmente representan la gastronomía local. Entre las tapas más habituales tenemos croquetas, canapés, tortilla, jamón serrano y queso. En algunos bares son servidas gratis cuando se pide una bebida. Las raciones son el mismo plato que las tapas, aunque tienen mayor cantidad puesto que se comparten entre varias personas. Ir de tapas es una costumbre que muchas veces sustituye a alguna comida del día y que suele ser mucho más económico que comer o cenar en un restaurante. Para beber, no solo podemos tomar bebidas alcohólicas, sino también café, té y refrescos.

En los bares, los españoles cubren sus necesidades de relación social principalmente. Según la hora, los clientes varían: a primera hora y a media mañana, los trabajadores. Por la tarde, los estudiantes para conversar y preparar exámenes; y por la noche, la gente acude para tomar algo después de terminar su jornada. Se puede decir que en los bares podemos entender el carácter y la realidad de los españoles.

En cuanto a los horarios de las comidas, España se diferencia del resto de países europeos. El desayuno se realiza entre las siete y las nueve de la mañana muy ligero (café o leche y galletas o bollería), es por lo que mucha gente almuerza a media mañana. La comida es entre las dos y las tres de la tarde; en general se compone de un primer plato (verdura, legumbres, arroz o pasta), segundo plato (carne o pescado), postre (fruta o algo dulce) y café. A media tarde, muchos niños meriendan (un bocadillo dulce o salado) y se cena entre las nueve y las diez de la noche (un solo plato ligero y postre).

NOTAS

etc. (etcétera) 〜など、その他
un gran número de 多数の〜
se disfruta de < disfrutarse de
　〜を楽しむ(不定人称)
tapa [女] タパス、おつまみ
gastronomía [女] 名物料理
las 〜 más habituales 最も普通の、定番の(最上級)
canapé [男] カナッペ(パンに野菜等を載せた前菜)
son servidas 出される(ser + servir 過去分詞＝受身)
se pide < pedirse 注文する（不定人称)
ración [女] 一人前、一盛り
mayor より大きな（grande の比較級)
puesto que 〜 〜なので
se comparten < compartirse 分け合う
ir de tapas 軽く飲みに行く
no solo ... sino también 〜 ...だけでなく〜もまた
cubrir 覆う、満たす、まかなう

necesidades de relación social
　必要な人づきあい
a primera hora (de la mañana) 朝一番に
a media mañana
　お昼ちかく（午前10時 - 正午ごろ）
jornada [女] 一日の仕事
se puede decir que 〜と言うことができる(不定人称)
en cuanto a 〜について言えば、〜に関して
se diferencia de < diferenciarse de 〜と異なる
se realiza < realizarse 実行される、実現される
es por lo que 〜 それが〜の理由である
almorzar（昼食の前の）軽食をとる、昼食をとる
se compone de < componerse de
　〜から構成される
a media tarde 夕方ごろ（午後5-7時ごろ）
merendar おやつを食べる
se cena < cenarse 夕食をとる（不定人称）

Vamos a aprender más
Ejercicios [apéndice1]

練習 1 直説法現在の適切な活用形を入れ、全文を和訳しなさい。

1) Yo (pensar →   ) ir a España en marzo.
2) ¿(Volver →   ) usted a casa en metro?
3) Tú siempre (pedir →   ) café con leche.
4) Él no (entender →   ) lo que tú dices. *lo que ~ ~すること
5) Nosotros (seguir →   ) por esta calle hasta la estación.
                *seguir por ~ （道を）たどる
6) ¿(Pensar →   ) vosotros jugar al tenis este fin de semana?
7) ¿(Dormir →   ) ustedes bien todas las noches?
8) ¿A qué hora (empezar ①型 →   ) la clase de español?
9) Los alumnos (repetir →   ) las frases del libro de texto.
10) Yo (sentir →   ) no poder ir con usted.
11) Tú (cerrar ①型 →   ) la ventana antes de salir, ¿no?
12) Yo (preferir ①型→   ) el agua mineral al café.
              *preferir A a B　BよりAを好む
13) Yo (querer →   ) estudiar español e inglés en la universidad.
14) Nosotros no (encontrar →   ) solución.
15) Mis hijos (jugar →   ) al fútbol los domingos.

練習 2 スペイン語にしなさい。

1) Juan は María のことばかり (solo) 考えている (pensar en)。
2) 君は何時に家に戻りますか？
3) あなた方は飲み物に (para beber) 何を注文しますか？
4) （丁寧に）私と一緒に (conmigo) 来てもらえますか (poder)？
5) その映画 (película) は午後7時20分に始まります。

★
☐ agua　☐ alumno/na　☐ antes de　☐ café con leche　☐ contigo　☐ continuar
☐ domingo　☐ dormir　☐ empezar　☐ encontrar　☐ entender　☐ fin
☐ fin de semana　☐ frase　☐ fuente　☐ hasta　☐ leche　☐ libro de texto
☐ literatura　☐ marzo　☐ mineral　☐ pedir　☐ pensar　☐ preferir　☐ prohibir
☐ repetir　☐ reunir　☐ seguir　☐ semana　☐ sentir　☐ solo　☐ solución
☐ todas las noches　☐ volver

y と o
y 「そして」は i、hi の前で **e** に
 español *e* inglés　　literatura *e* historia
o 「または」は o、ho の前で **u** に
 siete *u* ocho libros españoles　　mañana *u* hoy

el + 女性名詞
 El agua de esa fuente está fría.　*強勢のある a, ha で始まる女性名詞単数形の前で

Lección 6

Me gusta mucho la música latina.
「ラテン音楽が大好きです」

Expresiones

① A: ¿Ves a Carmen frecuentemente?
② B: Sí, la veo todos los días en clase.

③ A: ¿Sabes que tenemos un examen de español la semana próxima?
④ B: No, no lo sabía.
⑤   ¿Puedes decirme a qué hora es el examen?
⑥ A: Ahora mismo no me acuerdo, voy a mandarte un mensaje esta noche.

⑦ A: Me gusta mucho la música latina.
⑧ B: A mí me gusta más la música clásica.
⑨ C y D: Nos gusta bailar flamenco.

⑩ A: ¿Te gustan los dulces?
⑪ B: No, no me gustan mucho.

⑫ A: ¿Qué te pasa?
⑬ B: Me duelen las muelas.

en clase 授業中に、授業で
la semana próxima 来週
no lo sabía 知らなかった **sabía** < **saber** 線過去1人称単数（⇒9課）
a qué hora 何時に
no me acuerdo 覚えていない < **acordarse** 覚えている、思い出す（⇒10課）
más もっと、より多く（**mucho** の比較級⇒9課）
¿Qué te pasa? どうしたんですか？
duelen < **doler** （身体部分等が）痛む

★
☐ acordarse ☐ bailar ☐ clásico ☐ comida ☐ doler ☐ dulce ☐ flamenco
☐ frecuentemente ☐ gustar ☐ latino ☐ mandar ☐ más ☐ mensaje ☐ muela
☐ música ☐ pasar ☐ próximo

Gramática 6

1. 目的語人称代名詞

	直接目的語「～を」		間接目的語「～に」	
	単数	複数	単数	複数
1人称	**me** （私を）	**nos** （私たちを）	**me** （私に）	**nos** （私たちに）
2人称	**te** （君を）	**os** （君たちを）	**te** （君に）	**os** （君たちに）
3人称	**lo** （彼／あなたを） **la** （彼女／あなたを）	**los** （彼ら／あなた方を） **las** （彼女たち／あなた方を）	**le** （彼／彼女／あなたに） ＊ **se**	**les** （彼ら／彼女たち／あなた方に） ＊ **se**

1) 物を指して「それ（ら）を」という場合（物＝3人称）、名詞の性数に一致。
　¿Quieres los libros? – Sí, *los* quiero.
　¿Quieres la foto? – Sí, *la* quiero.
2) 「に - を - 活用動詞」の語順。
　¿*Me* mandas la foto? – Sí, *te la* mando. / No, no *te la* mando.
　　　　　　　　　　　　　　　　　　　（注）Quiero mandár*tela*. (⇒ 14課)
3) 「に」「を」とも3人称のとき、間接目的語 **le / les → se** （表＊印）になる。
　¿*Le* mandas la foto a María? – Sí, *se la* mando. / No, no *se la* mando.
4) スペインでは人を表す直接目的語 lo, los の代わりに le, les が使われることも多い。*Le* visito.
5) lo には中性形もある。No *lo* sé.

2. gustar（～が好きだ、... に～が気に入る）型構文

　人に＜間接目的語＞＋動詞＋物が＜主語＞

1) 動詞は主語、すなわち、物に一致する。
　① Me gusta la música.
　② Me gustan los perros.
2) 「～することが好きだ」の場合は不定詞が主語（3人称単数扱い）。
　③ Me gusta viajar.
3) 人は間接目的語（me, te, le, nos, os, les）で表す。（訳すと「～は」に相当）
　④ ¿Te gustan las novelas españolas? – Sí, me gustan.
　⑤ ¿Os gusta el vino español? – Sí, nos gusta.
4) 人を強調／明示したい時は、a ～「～にとって」を間接目的語代名詞（省略不可）の前に。
　⑥ *A María* le gusta la comida japonesa.
　⑦ ¿*A ti* no te gustan los dulces? – No, *a mí* no me gustan.
　⑧ ¿*A ustedes* les gusta viajar?

3. 前置詞の後の人称代名詞

mí	nosotros
ti	vosotros
él / ella / usted	ellos / ellas / ustedes

conmigo（← con+mí）
contigo（← con+ti）

yo → mí, tú → ti 以外は主語と同じ形を用いる

A mí me gusta el chocolate.
Este regalo es *para ti*.
¿Puedes venir *conmigo*?

Vamos a practicar 6

[A] 動詞は適切な現在形にして、目的語代名詞を用いて質問に答えなさい。
1) ¿Conoces al señor García?　　　.. Sí, (　　　　　　　　　).
2) ¿Conoces a la profesora Moreno?　　.. No, (　　　　　　　　　).
3) ¿Conoces a los señores Díaz?　　.. Sí, (　　　　　　　　　).
4) ¿(Conocer, *usted*　　　) a los señores Díaz?
　　.. Sí, (　　　　　　　　　).
5) ¿(Conocer, *vosotros*　　　) a mis hijas?
　　.. No, (　　　　　　　　　).
6) ¿Te conoce Juan?　　　.. Sí, (　　　　　　　　　).

[B] 動詞は適切な現在形にして、目的語代名詞を用いて質問に答えなさい。
1) ¿Me das el chocolate?　　　.. Sí, (　　　　　　　　　).
2) ¿Le das el chocolate a María?　　.. No, (　　　　　　　　　).
3) ¿Me das las fotos?　　　.. No, (　　　　　　　　　).
4) ¿Le das las fotos a María?　　.. Sí, (　　　　　　　　　).
5) ¿Me (dar, *vosotros*　　　) las flores?
　　.. No, (　　　　　　　　　).
6) ¿Le (dar, *ustedes*　　　) las flores a María?
　　.. Sí, (　　　　　　　　　).

[C] 「好きですか？」と尋ね、それに Sí または No で自由に答えなさい。
1) ¿(君　　　) (　　　　　) el fútbol? .. (　　　　　　).
2) ¿(君　　　) (　　　　　) los dulces japoneses? .. (　　　　　　).
3) ¿(君たち　　　) (　　　　　) la música?　.. (　　　　　　).
4) ¿(君たち　　　) (　　　　　) viajar?　　.. (　　　　　　).

★　☐ actitud　☐ apetecer　☐ estómago　☐ faltar　☐ interesar　☐ natural

gustar 型の動詞
Me *interesa* esa película.
Me *duele* el estómago.
Su actitud me *parece* natural.
Nos *faltan* diez días para las vacaciones de verano.
Hoy no me *apetece* ir al cine.

代名詞の重複
代名詞の重複は gustar 文に限らない。
A *Carmen* la veo todos los días.
Le doy *a ella* un regalo.

Ejercicios 6

練習1 質問に対する答となるように代名詞を入れなさい。6) から 10) は動詞も入れなさい。

1) ¿Quieres este chocolate? .. Sí, (　　　　　) quiero.
2) ¿Conoces a mi hermana? .. Sí, (　　　　　) conozco.
3) ¿Me entiendes? .. Sí, (　　　　　) entiendo.
4) ¿Me das los libros? .. No, no (　　　　　) (　　　　　) doy.
5) ¿Qué nos recomienda usted? .. A ustedes (　　　　　) recomiendo tortilla española.

6) ¿Me oyes? .. No, no (　　　　　) (　　　　　) bien.
7) ¿Me dices la verdad? .. No, no (　　　　　) (　　　　　) (　　　　　).
8) ¿Dices la noticia a José? .. Sí, (　　　　　) (　　　　　) (　　　　　).
9) ¿Nos dejas el diccionario? .. Sí, (　　　　　) (　　　　　) (　　　　　).
10) ¿Juan regala las flores a María? .. No, no (　　　　　) (　　　　　) (　　　　　).

練習2 スペイン語にしなさい。

1) 彼は映画(el cine)が好きです。
2) 君は猫(los gatos)が好きですか？ －いいえ、好きではありません。
3) María はピアノを弾く(tocar el piano)のが大変(mucho)好きだ。
4) 私は頭(la cabeza)が痛い。
5) 君たちはスペイン演劇(el teatro español)に関心がありますか(interesar)？ －はい、大変関心があります。

練習3 日本語の意味に合うよう、適切な語句を入れなさい。

1) （丁寧に）このプレゼントはあなたへです。Este regalo es para (　　　　　).
2) 私は明日は君と一緒に働けません。Mañana no puedo trabajar (　　　　　).
3) 私はパエリアが好きです。A (　　　　　) me gusta la paella.
4) 彼らには時々会います。A (　　　　　) los veo a veces.
5) 君のためにお土産を探そう。Voy a buscar un recuerdo para (　　　　　).

☆ ☐ a veces　☐ buscar　☐ cabeza　☐ noticia　☐ piano　☐ recomendar　☐ recuerdo
　☐ regalar　☐ tocar

Lección 7

Viajé a España el mes pasado.

「先月スペインへ旅行しました」

Expresiones

① A: Viajé a España el mes pasado.
② B: ¿Con quién viajaste?
③ A: Viajé sola, pero lo pasé muy bien.
④ B: ¿Qué ciudades visitaste?
⑤ A: Visité Granada y Madrid.
⑥ Escribí una carta a mi novio desde Madrid.
⑦ Él la leyó en cuanto la recibió, y me llamó por teléfono el mismo día.
⑧ B: Dicen que hace mucho calor en España.
⑨ ¿Qué tal dormiste?
⑩ A: Dormí muy bien.

el mes pasado 先月 **pasado** 過ぎた ＜ **pasar** 過去分詞
pasarlo bien 楽しく過ごす
llamar por teléfono 電話をかける
en cuanto 〜するとすぐ
el mismo día 当日
hace calor 暑い

☐ algo ☐ alguien ☐ calor ☐ de al lado ☐ desde ☐ llamar ☐ mes ☐ mismo
☐ nada ☐ nadie ☐ ninguno ☐ nunca ☐ quién ☐ recibir ☐ ruido ☐ sitio
☐ tampoco ☐ teléfono

Gramática 7

1. 直説法点過去

スペイン語は「した」(終了した出来事全体)と「していた」(継続・習慣(反復))を区別。前者は点過去、後者は線過去(⇒9課)という別の活用形を用いる。

1) 点過去・規則活用

-ar 動詞 → (ar 語尾) **-é, aste, ó, amos, asteis, aron**

-er 動詞 / **-ir** 動詞 → (er/ir 共通の語尾) **-í, iste, ió, imos, isteis, ieron**

habl**ar**「話す」→「話した」　　com**er**「食べる」→「食べた」　　viv**ir**「住む」→「住んだ」

habl**é**	habl**amos**	com**í**	com**imos**	viv**í**	viv**imos**
habl**aste**	habl**asteis**	com**iste**	com**isteis**	viv**iste**	viv**isteis**
habl**ó**	habl**aron**	com**ió**	com**ieron**	viv**ió**	viv**ieron**

2) 語幹母音変化動詞の点過去 ... 規則活用の変形 (1)

現在で語幹母音変化のある動詞のうち、点過去では -ir 動詞のみに語幹母音変化がある。

＊ -ir 動詞 3人称単数および複数の2箇所で、語幹母音が変化

　① **e-ie-i** 型　② **o-ue-u** 型　③ **e-i-i** 型　(不定詞 - 現在 - 点過去の順)

＊語尾は規則的 (-ir 動詞点過去の語尾 = -í, iste, ió, imos, isteis, ieron)

　①型 **sentir**「残念に思う、感じる」　②型 **dormir**「眠る」　　③型 **pedir**「頼む」
　(現在形 yo siento)　　　　　　　　(現在形 yo duermo)　　　(現在形 yo pido)

sent**í**	sent**imos**	dorm**í**	dorm**imos**	ped**í**	ped**imos**
sent**iste**	sent**isteis**	dorm**iste**	dorm**isteis**	ped**iste**	ped**isteis**
s**i**nt**ió**	s**i**nt**ieron**	d**u**rm**ió**	d**u**rm**ieron**	p**i**d**ió**	p**i**d**ieron**

3) 点過去で綴り字変化がある動詞 ... 規則活用の変形 (2)

① -ar 動詞 ... 1人称単数で綴り字変化

　-car → -qué (buscar (探す) → busqué)
　-gar → -gué (jugar (遊ぶ) → jugué)
　-zar → -cé (empezar (始める) → empecé)

② -er/-ir 動詞 ... 3人称単数・複数で母音間の i → y

　leer (読む) ... **leí, leíste, leyó, leímos, leísteis, leyeron**
　oír (聞く) ... **oí, oíste, oyó, oímos, oísteis, oyeron**

③ ver (見る) ... **vi, viste, vio, vimos, visteis, vieron** (単音節語はアクセント符号不要)

2. 不定語と否定語

algo「何か」	**nada**「何も ... (ない)」	*no* + 動詞 + 否定語
alguien「誰か」	**nadie**「誰も ... (ない)」	= 否定語 + 動詞
alguno＊ (**algún**)「何らかの」	**ninguno**＊ (**ningún**)「ひとつも ... ない」	
＊ -o/a/os/as	＊ -o/a	

nunca「決して ... ない」　　**también**「... もまた」　　**tampoco**「... もまた ... ない」

¿Compraste *algo*? No, no compré *nada*.

¿Entró *alguien* en el cuarto? No, no entró *nadie*. / No, *nadie* entró.

¿Tenéis *alguna* pregunta? No, no tenemos *ninguna*.

Oí *algún* ruido en el cuarto de al lado.

Juan *nunca* va al cine. María *tampoco*. Ella no va a *ningún* sitio sola.

Vamos a practicar 7

[A] 適切な語句を入れて会話しなさい。
1) ¿Dónde comiste? .. Comí en (　　　　). ［家］
2) ¿Dónde comisteis? .. Comimos en (　　　　). ［大学のカフェ（定）］
3) ¿Dónde comieron Juan y María? .. Comieron en (　　　　). ［友人のマンション（定）］
4) ¿Qué compraste? .. Compré (　　　　). ［ネクタイ1本］
5) ¿Qué compraron ustedes? .. Compramos (　　　　). ［赤ワイン1本］
6) ¿Qué compró María? .. Compró (　　　　). ［バッグ1つ］
7) ¿Qué comprasteis? .. Compramos (　　　　). ［水とチーズ］

[B] 点過去形を入れて会話しなさい。
1) ¿Adónde viajaste? .. (　　　　) a Perú y Bolivia.
2) ¿Adónde viajasteis? .. (　　　　) a Estados Unidos.
3) ¿Adónde viajaron ustedes? .. (　　　　) a España e Inglaterra.
4) ¿Dónde conocisteis a María? .. La (　　　　) en la universidad.
5) ¿Qué pidió usted? .. (　　　　) un café con leche.
6) ¿Qué leíste? .. (　　　　) una novela chilena.
7) ¿Oíste algo? .. Sí, (　　　　) un ruido raro.

[C] 巻末 Suplemento「時の表現」を参考に適切な語句を入れなさい。
1) El recital terminó (　　　　). ［夜10時に］
2) Mi nieto nació (　　　　). ［5月に］
3) (　　　　) visitaron Argentina (　　　　). ［昨年/冬に］
4) Mi cumpleaños es (　　　　). ［12月26日］
5) Hay un examen de español (　　　　). ［水曜日に］
6) Mi tía nos visita (　　　　). ［毎土曜日午前中に］

★
☐ Argentina ☐ botella ☐ chileno ☐ corbata ☐ cumpleaños ☐ el año pasado
☐ Inglaterra ☐ invierno ☐ mayo ☐ miércoles ☐ nacer ☐ noviembre ☐ Perú
☐ piso ☐ raro ☐ recital ☐ terminar ☐ tía ☐ tinto

hace ... que 〜構文
hace + 期間 + que + 現在「... 前から〜している」「〜して ... になる」
　　Hace tres meses que estudio español.
　　　　　　≒ Estudio español desde hace tres meses.
hace + 期間 + (que) + 点過去「... 前に〜した」
　　Hace cinco años (que) visité España.
　　　　　　≒ Visité España hace cinco años.

Ejercicios 7

練習 1 点過去の適切な活用形を入れ、全文を和訳しなさい。

1) Yo (comprar →   ) una chaqueta negra.
2) Ayer vosotros (salir →   ) a las seis de la mañana.
3) Nosotros (ver →   ) esa película el mes pasado.
4) Juan y María (comer →   ) en este restaurante anoche.
5) El concierto (empezar →   ) a las siete de la tarde.

練習 2 点過去を用いてスペイン語にしなさい。

1) Elena は彼女の女友達と電車 (tren) で旅行した (viajar)。
2) 昨日君は何時に家を出たの (salir)？ −8時に家を出て9時に大学に着いたよ (llegar)。
3) 私の両親は数年前 (hace) 一軒の家を買った (comprar)。
4) 私はこの都市で育った (crecer)。
5) 君たちは何年 (cuántos años) メキシコで暮らしたの (vivir)？ −僕たちは向こうで (allí) 5年暮らしました。

練習 3 点過去の適切な活用形を入れ、全文を和訳しなさい。[語幹母音変化動詞・綴り字変化]

1) ¿(Dormir →   ) ustedes bien anoche?
2) Yo (sentir →   ) no poder salir contigo.
3) Juan (pedir →   ) una cerveza en el bar.
4) Marta (leer →   ) una novela el sábado pasado.
5) Yo (pagar →   ) con tarjeta de crédito.

練習 4 適切な否定語を入れ、全文を和訳しなさい。

1) ¿Hay algo en esa caja? − No, no hay (   ).
2) ¿Visitaste algún museo en Madrid? − No, no visité (   ) museo.
3) ¿Conoces a algún estudiante de esta clase? − No, no conozco a (   ).
4) ¿Hay alguien en ese cuarto? − No, no hay (   ).
5) No me gusta esa película. Y, ¿a ti te gusta? − A mí (   ) me gusta.

☆ ☐ anoche　☐ ayer　☐ chaqueta　☐ concierto　☐ crecer　☐ pagar　☐ tarjeta de crédito

Lección 8

No pude ir a ningún sitio.
「どこにも行けなかった」

Expresiones

① A: ¿Qué hicisteis durante las vacaciones de Navidad?
② B: Yo fui a Santiago de Compostela para visitar la Catedral.
③   Fue una maravilla y me impresionó muchísimo.
④   Estuve allí diez días.
⑤ A: ¿Cuándo volviste a Japón?
⑥ B: Volví hace una semana.
⑦ C: Yo estuve aquí en Tokio.
⑧   Cogí la gripe y finalmente no pude ir a ningún sitio.
⑨   Mis primos vinieron a verme un día
⑩   y fuimos juntos al cine.

Santiago de Compostela
　サンティアゴ・デ・コンポステーラ（スペインの都市）
hace ＋期間（前置詞的に）〜前
coger la gripe 風邪（インフルエンザ）にかかる
muchísimo 非常に（=**mucho** + **ísimo**（絶対最上級）=「とても」の意）
venir a ＋不定詞　〜しに来る

Catedral de Santiago de Compostela

☐ andar　☐ aprender de memoria　☐ catedral　☐ coger　☐ durante　☐ finalmente
☐ gripe　☐ guitarra　☐ impresionar　☐ introducir　☐ maravilla　☐ Navidad
☐ niño/ña　☐ primo/ma　☐ traducir　☐ vacación

Gramática 8

1. 直説法点過去・強変化とその変形

1) 点過去強変化 … 強変化語幹＋強変化専用語尾（**-e, iste, o, imos, isteis, ieron**）

tener「持つ」

tuve	tuvimos
tuviste	tuvisteis
tuvo	tuvieron

estar「ある、いる」

estuve	estuvimos
estuviste	estuvisteis
estuvo	estuvieron

querer「ほしい、したい」

quise	quisimos
quisiste	quisisteis
quiso	quisieron

venir「来る」

vine	

poder「できる」

pude	

saber「知る」

supe	

poner「置く」

puse	

andar「歩く」

anduve	

haber「(完了の助動詞)/～がある」

hube	

hacer「する、作る」＊3人称単数形で綴り字変化あり

hice	hicimos
hiciste	hicisteis
hizo	hicieron

2) 強変化変形 … 1人称単数が -je で終わるものは、3人称複数が -jeron（語尾 **-eron**）となる。

decir「言う」

dije	dijimos
dijiste	dijisteis
dijo	dijeron

traer「持ってくる」

traje	

conducir「運転する」＊

conduje	

＊-ducir 型 … 他に producir（→ produje）「生産する」, introducir（→ introduje）「導入する」, traducir（→ traduje）「翻訳する」等も同様の変化

2. 直説法点過去・完全不規則活用

点過去の完全不規則活用は以下の3つ（ただし ser と ir は同型）である。

ser「～である」/ **ir**「行く」

fui	fuimos
fuiste	fuisteis
fue	fueron

dar「与える」

di	dimos
diste	disteis
dio	dieron

3. 使役と知覚の表現

Nuestro profesor *nos hizo aprender de memoria* estas frases.

La madre no *dejó a* su niño *ver* la televisión.

Oí a Juan *tocar* la guitarra.

Vimos a María *bailar*.

Vamos a practicar 8

[A] 適切な語句と ir の点過去形を入れて会話しなさい。
1) ¿Cuándo fuiste a Madrid? .. (　　　　) en (　　　　).　　　［秋］
2) ¿Cuándo fuisteis a Sevilla? .. (　　　　) en (　　　　).　　　［春］
3) ¿Cuándo fueron ustedes a Pamplona? .. (　　　　) en (　　　　).　　　［7月］
4) ¿Cuándo fueron tus padres a Valencia? .. (　　　　) en (　　　　).　　　［3月］
5) ¿Cuándo fue tu hermano a Toledo? .. (　　　　) el (　　　　).　　　［月曜日］

[B] 適切な語句を入れなさい。
1) José fue a Japón (　　　　).　　　［先週］
2) Estuvimos en Cuba (　　　　).　　　［20年間］
3) ¿Qué hicisteis este (　　　　)?　　　［週末］
4) No pude ver esta película (　　　　).　　　［昨夜］
5) ¿Qué hiciste (　　　　)? .. Jugué al fútbol.　　　［昨日］

[C] 動詞を主語に合わせて点過去形にして全文を言いなさい。
1) *tener* un examen ［nosotros］
2) *venir* a la fiesta ［Juan y María］
3) *poner* la televisión ［yo］
4) *andar* quince minutos hasta la estación ［ustedes］
5) *querer* vender esta casa ［mi padre］
6) *dar* un concierto ［vosotros］
7) *ir* a Mallorca en verano ［yo］
8) *hacer* una tarta ［nosotros］
9) ¿*poder* venir a clase? ［tú］
10) *estar* en Chile un año ［yo］

☆ ☐ Cuba　☐ exacto　☐ fácil　☐ fiesta　☐ julio　☐ la semana pasada　☐ minuto
　☐ mundial　☐ otoño　☐ primavera　☐ tarta

接尾辞
1) - mente ... 副詞を派生。形容詞女性単数形 +mente。
　　exacto → exactamente　　　mundial → mundialmente
　　（注）第一アクセントはもとの形容詞のアクセント位置に置かれる。

2) -ito, -illo ... 縮小辞。「小さい」「かわいらしい」等の意味を付加。
　　gato → gatito　　　pájaro → pajarillo

3) -ísimo ... 絶対最上級。「とても」の意味を付加。
　　mucho → muchísimo　　　fácil → facilísimo

Ejercicios 8

練習 1 点過去の適切な活用形を入れ、全文を和訳しなさい。

1) Anoche yo （tener →　　　　　　） fiebre.
2) Nosotros （estar →　　　　　　） en Barcelona el mes pasado.
3) ¿（Venir →　　　　　　） al teatro en tren? [tú]
4) Yo （saber →　　　　　　） la noticia la semana pasada.
5) Juan y María me （decir →　　　　　　） que iban * a casarse.
   （* ir の線過去。ir a ～ する予定だ）
6) ¿（Traer →　　　　　　） ustedes regalos al niño?
7) El año pasado vosotros （querer →　　　　　　） viajar a España, pero no （poder →　　　　　　）.
8) Mis amigos （conducir →　　　　　　） de Osaka a Tokio ayer por la noche.
9) Juan me （hacer →　　　　　　） unas preguntas.
10) Ayer tú （querer →　　　　　　） leer la novela, pero no（poder →　　　　　　）.

練習 2 点過去の適切な活用形を入れ、全文を和訳しなさい。

1) Nosotros （ir →　　　　　　） al teatro el viernes pasado por la tarde.
2) Ellos nos （dar →　　　　　　） unos regalos de España.
3) Yo （ir →　　　　　　） al museo el martes por la mañana.
4) La fiesta （ser →　　　　　　） el domingo pasado.
5) Él （dar →　　　　　　） unas flores a María.

練習 3 スペイン語にしなさい。

1) Marta は先週ここに来た。
2) 君は夏休みの間(durante)、何をしたの？
3) 10日前、私たちはスペイン語の試験があった(tener un examen)。
4) 昨日、上司(el jefe)は私たちを遅くまで(hasta tarde)働かせた(hacer trabajar)。
5) 私は傘(el paraguas)を持ってこなかった(traer)。

☆　☐ fiebre　☐ jefe　☐ martes　☐ paraguas　☐ por la mañana　☐ tarde　☐ viernes

Lección 9

Pasaba las vacaciones tocando el piano.

「ピアノを弾きながら休暇を過ごしていました」

Expresiones

① Este verano pasamos tranquilos un mes en un pueblo pequeño de Andalucía.
② Yo leía libros mientras mi marido escuchaba música.
③ Mi hija pasaba las vacaciones tocando el piano.
④ A veces íbamos juntos al teatro.
⑤ Una noche, cuando veíamos la televisión, una amiga mía me llamó por teléfono;
⑥ me dijo que quería visitarnos y por eso la invité a cenar.

⑦ A: ¿Cuál es más caro, este reloj o ese?
⑧ B: Este reloj es más caro que ese.
⑨ Este es el reloj más caro y el mejor de estos.
⑩ Aquel reloj es tan caro como este.

Andalucía アンダルシア（スペイン南部の自治州 **comunidad autónoma**）
tocando 弾きながら＜ **tocar** 現在分詞

☆ ☐ a menudo ☐ antes ☐ bueno ☐ cenar ☐ como ☐ creer ☐ cuál ☐ cuando
☐ escuchar ☐ invitar ☐ mal ☐ malo ☐ marido ☐ mejor ☐ mientras ☐ peor
☐ poco ☐ por eso ☐ pueblo ☐ sonar ☐ tranquilo

Gramática 9

1. 直説法線過去
過去における継続や習慣、他の出来事の背景的状況を表す形。日本語の「〜していた」にほぼ相当。

1） 線過去・規則活用

-ar 動詞 →（ar 語尾）-aba, abas, aba, ábamos, abais, aban

-er 動詞 / -ir 動詞 →（er/ir 共通の語尾）-ía, ías, ía, íamos, íais, ían

hablar「話す」→「話していた」 comer「食べる」→「食べていた」 vivir「住む」→「住んでいた」

hablaba	hablábamos	comía	comíamos	vivía	vivíamos
hablabas	hablabais	comías	comíais	vivías	vivíais
hablaba	hablaban	comía	comían	vivía	vivían

2） 線過去・完全不規則活用

ser「である」　　　　　　ir「行く」　　　　　　ver「見る」

era	éramos	iba	íbamos	veía	veíamos
eras	erais	ibas	ibais	veías	veíais
era	eran	iba	iban	veía	veían

2. 点過去と線過去の使い分け

1）① La semana pasada *comimos* en el restaurante.（一回）
　　② Antes *comíamos* en el restaurante a menudo.（反復）

2）① Cuando *sonó* el teléfono, *comíamos* en el restaurante.（一回の出来事とその背景）
　　② Cuando *comíamos* en el restaurante, *sonó* el teléfono.（〃）
　　③ Cuando *éramos* niños, *íbamos* a la piscina a menudo.（反復・継続する２つの出来事）
　　④ *Creí / Creía* que ella *estaba* en la oficina.（時制の一致）

3. 比較

1） 比較級

優等比較「〜より ...」　　　　**más** 形容詞・副詞 ... **que** 〜　　① Ella es *más* alta *que* yo.
劣等比較「〜ほど ... でない」　**menos** 形容詞・副詞 ... **que** 〜　② Ella es *menos* alta *que* yo.
同等比較「〜と同じくらい ...」　**tan** 形容詞・副詞 ... **como** 〜　③ Ella es *tan* alta *como* yo.

＊不規則形

形容詞・副詞	比較級	形容詞・副詞	比較級
mucho（たくさん）	**más**	malo, mal（悪い、悪く）	**peor**
poco（あまり ... ない）	**menos**	grande（大きい）＊	**mayor**（年上の / 重要な）
bueno, bien（よい、よく）	**mejor**	pequeño（小さい）＊	**menor**（年下の / ささいな）

＊物理的な大小に言及する場合は規則形

mucho → **tanto**（同等比較。tanto は後続する名詞の性数に一致）

① Él lee *más* novelas *que* yo.　　　③ Tú bebes *más que* yo.
② Él lee *tantas* novelas *como* yo.　④ Él bebe *tanto como* tú.

2） 最上級「〜の中でいちばん ...」

el（**la** / **los** / **las**）（＋名詞）＋ **más** 形容詞 ... **de** 〜

　Mario es *el*（*chico*）*más* alto *de* esta clase.

Vamos a practicar 9

[A] 適切な語句を入れなさい。
1) (　　　　　) yo jugaba al béisbol (　　　　　　　). ［当時 / 毎日］
2) (　　　　　) mis amigos trabajaban en esta (　　　　). ［以前 / 店］
3) El bar estaba cerrado a (　　　　　　　). ［その時刻］
4) Leíamos muchas (　　　　　) cuando éramos jóvenes. ［小説］
5) Eva me dijo que le gustaba la (　　　　　　　). ［ラテン音楽］

[B] 動詞を主語に合わせて線過去形にして全文を言いなさい。
1) *vivir* en Venezuela [nosotros]
2) *haber* mucha gente [3 単]
3) *aprender* a bailar [yo]
4) *llevar* gafas [tú]
5) *ver* la película [vosotros]

[C] 音声を聞き、会話を完成させなさい。
1) Cuando eras niño, ¿qué hacías?　…(　　　) en el parque con mis amigos.
2) Cuando eras niña, ¿qué hacías?　…(　　　) vídeos por Internet.
3) Cuando erais niñas, ¿qué hacíais?　…(　　　) muchos libros.
4) Cuando erais niños, ¿qué hacíais?　…(　　　) a la piscina frecuentemente.

[D] 括弧内の形容詞を用いて文を完成させなさい。
1) Este río es (…より長い (largo)　　　　　　) ese.
2) Esta película es (…より楽しい (divertido)　　　　) esa.
3) Aquellas novelas son (…より退屈だ (aburrido)　　) esta.
4) Este examen es (…より簡単だ (fácil)　　　　) ese.
5) Este diccionario es (…より良い (bueno)　　　　) aquel.

☆ ☐ aburrido ☐ béisbol ☐ cantar ☐ cerrado ☐ correr ☐ divertido ☐ gafas
☐ ganar ☐ gente ☐ hora ☐ interesante ☐ Internet ☐ joven ☐ largo ☐ llevar
☐ primero ☐ rápido ☐ Venezuela ☐ vídeo

más de + 数量 , más de lo que 節
Su padre gana *más de* 5 000 euros al mes. (*5000 は含まない。5001 以上)
Esta película es *más* interesante *de lo que* creía.

副詞の最上級
副詞には最上級がないので同じ意味になる別の表現を用いる。
Este tren llega a Shinjuku *primero*.
Carlos corre *más* rápido *que nadie*. (cf. más que nada, más que nunca)
Carmen es *la que mejor* canta de mis amigos.

Ejercicios 9

練習 1 線過去の適切な活用形を入れ、全文を和訳しなさい。
1) Yo (escribir →　　　　　　　) cartas a mis padres.
2) Cuando me llamaste por teléfono, Jorge y yo (estudiar →　　　　　　　) en la biblioteca.
3) Ana me dijo que ella (aprender →　　　　　　　) a tocar el piano.
4) Cuando vosotros (ser →　　　　　　　) niños, ¿(ver →　　　　　　　) mucho la televisión?
5) ¿Eres mexicano? Yo creía que tú (ser →　　　　　　　) español.

練習 2 線過去を用いてスペイン語にしなさい。
1) 子供 (niño) のころ、君はどこに (dónde) 住んでいたの？
2) 私は北海道に住んでいました。なぜなら (porque) 父が向こうで (allí) 働いていたからです。
3) あなたは当時 (entonces) 学生だったのですか？
4) パーティー (fiesta) で私の友人たちは歌ったり (cantar) 踊ったり (bailar) していました。
5) 若い (joven) ころ、私は一日中 (todo el día) 読書していました (leer libros)。

練習 3 点過去か線過去かを判断して、スペイン語にしなさい。
1) 昨夜私は 3 時間 (hora) 勉強した。
2) 以前 (antes) 私たちはよく (con frecuencia) レティーロ公園 (el Parque Retiro) に行ったものだ。
3) Jorge が部屋 (habitación) に入ってきた (entrar en) とき、彼の友人たちはある雑誌 (revista) を読んでいた。
4) 私がピアノを弾いていた (tocar el piano) とき、電話が鳴っ (sonar) た。
5) 母は熱がある (tener fiebre) のだと私に言った。

練習 4 日本語の意味になるよう、括弧内に適切な語を入れなさい。
1) 君の車は私のより大きい。Tu coche es (　　　　　) grande (　　　　　) el mío.
2) この少女はクラスでいちばん美人だ。Esta chica es (　　　　　)(　　　　　) guapa (　　　　　) esta clase.
3) スペイン語は英語ほど難しくない。El idioma español es (　　　　　) difícil (　　　　　) el inglés.
4) Luis は僕より年上だ。Luis es (　　　　　)(　　　　　) yo.
5) このパソコンはあれより良い。Este ordenador es (　　　　　)(　　　　　) aquel.

☐ con frecuencia　☐ difícil　☐ idioma　☐ todo el día

Lección 10

Me levanto a las seis de la mañana.

「朝6時に起きます」

Expresiones

① A: ¿A qué hora te levantas normalmente?
② B: Me levanto a las seis de la mañana y me acuesto a las diez de la noche.
③ 　 Pero ayer me acosté más tarde, porque salí con mis amigos a un concierto.
④ 　 Como hacía mucho frío, al salir de casa me puse el abrigo.

⑤ A: Soy Pedro Alonso. Mucho gusto.
⑥ 　 ¿Cómo se llama usted?
⑦ B: Me llamo Blanca Márquez.
⑧ 　 Encantada de conocerle.
⑨ A: ¿Tiene usted hijos?
⑩ B: Sí, tengo una hija.
⑪ A: ¿Está casada?
⑫ B: No, pero va a casarse en junio.

como ～なので
hacer frío 寒い
al ＋不定詞　～するとき、～して
encantado/da de conocerle お知り合いになれて嬉しいです
estar casado 結婚している

☐ abrigo　☐ acostarse　☐ atreverse a　☐ cartera　☐ casado　☐ encantado/da
☐ espejo　☐ junio　☐ levantarse　☐ llamarse　☐ mirar　☐ mucho gusto
☐ normalmente　☐ olvidar　☐ ponerse　☐ quitarse　☐ romper　☐ romperse　☐ sello
☐ sentarse　☐ ya

Gramática 10

1. 再帰動詞

再帰代名詞 se を伴う動詞。再帰代名詞はもともと「自分自身を（に）」の意味だが、そこから派生して様々な意味を表す。

1) 再帰動詞の活用 ... se が前に出て主語に一致［me, te, se, nos, os, se］⇒ se の変化形 + 活用形

levantarse「起きる」直説法現在

me levanto	**nos** levantamos
te levantas	**os** levantáis
se levanta	**se** levantan

levantarse 点過去

me levanté	**nos** levantamos
te levantaste	**os** levantasteis
se levantó	**se** levantaron

levantarse 線過去

me levantaba	**nos** levantábamos
te levantabas	**os** levantabais
se levantaba	**se** levantaban

＊時制が変わると、動詞が各時制の活用形となる。

＊現在形の活用表を作りましょう。

llamarse「〜という名前である」

me llamo	

sentarse「座る」(e-ie)

me siento	

acostarse「就寝する」(o-ue)

ponerse「身につける」

2. 再帰動詞の意味 (1) 基本用法

(1)「再帰」（自分を・に（から）〜する）

   Me miro en el espejo.（< mirarse 自分の姿を見る < mirar 見る）［直接再帰］

   Me quito el sombrero en el teatro.（< quitarse 脱ぐ < quitar 取り除く）［間接再帰］

(2)「自動詞化」

   Se rompió el plato.（< romperse 壊れる < romper 壊す）

3. 再帰動詞の意味 (2) 派生用法

(1)「相互」（お互いに〜し合う）

   Nos escribimos a menudo.（< escribirse 文通しあう）

(2)「受身」（〜られる）＊物主語（無冠詞のことが多い）

   Se venden sellos.（< venderse 売られる）

   Se produce vino en España.（< producirse 生産される）

(3)「不定人称」（人は〜する）

   Se vive bien aquí.（< vivirse bien 住みやすい）

(4)「変化の強調」（〜てしまう）

   Me voy, porque ya es tarde.（< irse 行ってしまう　立ち去る）

   Se me cayó la cartera.（< caerse 落っこちる）他に dormirse, olvidarse de, encontrarse con

(5) 再帰の形のみ使用（「本来的再帰」）

   No *me atrevo a* decírselo.（< atreverse a + 不定詞　敢えて〜する）

Vamos a practicar 10

[A] llamarse の現在形を入れて会話を完成させなさい。
1) ¿Cómo (   ) usted? .. (   ) Pedro Muñoz.
2) ¿Cómo (   ) tus padres? .. (   ) Carmen y José.
3) ¿Cómo (   ) la profesora de español? .. (   ) Cecilia Rivas.
4) ¿Cómo (   )? [tú] .. (   ) Taro.

⇒応用・自分のことについて話しなさい。

[B] 音声を聞いて会話を完成させなさい。
1) ¿A qué hora te levantas? .. (   ) a (   ).
2) ¿A qué hora te acuestas? .. (   ) a (   ).
3) ¿A qué hora os levantáis? .. (   ) a (   ).
4) ¿A qué hora os acostáis? .. (   ) a (   ).

⇒応用・自分のことについて話しなさい。

[C] 適切な語句を入れなさい。
（例）¿Puedo probarme este sombrero amarillo?
1) ¿Puedo probarme esta (   )?   [黒いジャケット]
2) ¿Puedo probarme este (   )?   [グレーのコート]
3) ¿Puedo probarme esta (   )?   [緑のスカート]
4) ¿Puedo probarme estos (   )? [茶色のズボン]
5) ¿Puedo probarme estos (   )? [赤い靴]
6) ¿Puedo probarme este (   )?   [青いワンピース]
7) ¿Puedo probarme esta (   )?   [白いシャツ]

[D] 文章を音読し、和訳しなさい。
1) Esta catedral se construyó en 1493.
2) Mi sobrino nació en 2015.
3) Francisco de Goya murió en 1828.
4) ¿Cuánto cuesta? .. Cuesta 170 euros.

☆
☐ amarillo ☐ costar ☐ euro ☐ falda ☐ gris ☐ marrón ☐ morir ☐ pantalón
☐ probarse ☐ sobrino/na ☐ vestido ☐ zapato

基数 100 から 1000
100 cien 101 ciento uno 200 doscientos 300 trescientos 400 cuatrocientos
500 quinientos 600 seiscientos 700 setecientos 800 ochocientos
900 novecientos 1 000 mil   *200〜900 の語尾 cientos は女性形 cientas あり

Ejercicios 10

練習 1　直説法現在の適切な活用形を入れ、全文を和訳しなさい。

1) ¿A qué hora (levantarse → 　　　　　　　　)? [vosotros]
2) Tú (lavarse → 　　　　　　　) las manos antes de comer, ¿no?
3) María (acostarse → 　　　　　　　) muy tarde.
4) Yo (ponerse → 　　　　　　　) el abrigo.
5) Nosotros (sentarse → 　　　　　　　) en este banco.

＊よく用いられる再帰動詞は～ se の形で辞書に載っているので調べてみること。

練習 2　点過去または線過去の適切な活用形を入れ、全文を和訳しなさい。

1) Ayer María (levantarse → 点過去　　　　　　　) a las cinco.
2) Yo (ponerse → 点過去　　　　　　　) la chaqueta antes de salir.
3) ¿A qué hora (acostarse → 点過去　　　　　　　) anoche? [tú]
4) En verano yo (levantarse → 線過去　　　　　　　) más temprano que ahora.
5) Cuando mis abuelos eran jóvenes, (quererse → 線過去　　　　　　　) mucho.

練習 3　[再帰動詞基本用法] 再帰動詞を用いてスペイン語にしなさい。

1) 姉は昨年あるスペイン人と結婚した(casarse 点過去)。
2) 祖父はいつも(siempre)このソファ(sofá)に座ったものだ(sentarse 線過去)。
3) 私は手袋(los guantes)を外した(quitarse 点過去)。
4) あなたの娘さんは何という名前ですか(llamarse 現在)？
5) ドア(puerta)が開いた(abrirse 点過去)。

練習 4　[再帰動詞派生用法] 再帰動詞を用いてスペイン語にしなさい。

1) 友人(amigo)たちはいつも助け合っている(ayudarse)。
2) このレストラン(restaurante)はおいしい(comerse bien)。
3) 私たちはもう(ya)おいとまします(irse)。
4) その市場(mercado)ではオレンジ(naranja)が売られています(venderse 再帰受身)。
5) 君はいつも給料(el sueldo)に文句を言っているね(quejarse de)。

☐ ayudar　☐ lavarse　☐ mercado　☐ quejarse de　☐ sueldo　☐ temprano

Vamos a aprender más

LECTURA 3   La geografía de España y las lenguas españolas

España es un país de Europa Occidental. Está en la Península Ibérica, de la que ocupa algo más de cinco sextos. Tiene dos archipiélagos, uno en el Mar Mediterráneo (las Islas Baleares) y otro en el Océano Atlántico (las Islas Canarias). Tiene dos plazas de soberanía en el norte del continente africano (ciudades autónomas de Ceuta y Melilla) y el enclave de Llivia en los Pirineos franceses.

España en su territorio peninsular comparte fronteras con Francia al norte, con Portugal al oeste y con la colonia británica de Gibraltar al sur. En sus territorios africanos comparte fronteras marítimas y terrestres con Marruecos.

España es una Monarquía Constitucional y forma parte de la Unión Europea. Su capital es Madrid.

El idioma oficial de España es el castellano, llamado español generalmente. Lo hablan más de 470 millones de personas en el mundo. Es la segunda lengua materna más hablada después del chino mandarín y la segunda lengua en comunicación internacional después del inglés. En España, además del castellano, existen el catalán en Cataluña, el gallego en Galicia, y el euskera en el País Vasco y Navarra (tercio norte).

La historia del idioma español empezó con el latín vulgar del Imperio Romano cuando cayó este en el siglo V. Comenzó a cambiar la variedad del latín vulgar que se hablaba en la zona central norte de "Hispania" y dio origen al castellano.

El idioma español es la lengua oficial de más de 20 países, principalmente en la Península Ibérica y América. México es el país con el mayor número de hispanohablantes, más de una cuarta parte del total.

NOTAS

Península Ibérica イベリア半島
de la que ocupa < ocupar ... de ~
　～の ... を占める **la que** は関係代名詞
cinco sextos 6分の5
las Islas Baleares バレアーレス諸島
las Islas Canarias カナリアス諸島
plaza de soberanía 属領、直轄統治領
Llivia リィビア（フランス領内の飛び地）
los Pirineos ピレネー山脈
Monarquía Constitucional 立憲君主制
llamado ～と呼ばれている、いわゆる
castellano [男] カスティーリャ語
la segunda lengua materna más hablada
　母語として2番目に多く話されている言語
chino mandarín 標準中国語

después de ～に次いで
catalán [男] カタルーニャ語
gallego [男] ガリシア語
euskera (vasco) [男] バスク語（系統不明の言語）
País Vasco バスク州
tercio norte 北部3分の1
latín vulgar 俗ラテン語
Imperio Romano ローマ帝国
cayó < caer 倒れる、滅亡する
este 後者（**Imperio Romano** を指す）
siglo V (siglo quinto) 5世紀
variedad [女] 変種、（ここでは）方言
dar origen a ～を引き起こす、もたらす
una cuarta parte de ～の4分の1

Vamos a aprender más
Gramática [apéndice2]

文法補足2　現在分詞と過去分詞

1. 現在分詞の用法

1) 現在分詞　★基本の意味は「未完了」「同時」

   | **-ar → -ando** | hablar → hablando |
   | **-er/-ir → -iendo** | comer → comiendo, vivir → viviendo |

   [不規則形] 語幹母音変化（**-ir** 動詞）sentir → sintiendo, dormir → durmiendo, pedir → pidiendo, decir → diciendo, venir → viniendo, 他に poder → pudiendo, reír（現1単río）→ riendo　綴り字変化（母音間 **i → y**）oír → oyendo, leer → leyendo, huir → huyendo, traer → trayendo, caer → cayendo,（語頭 **i → y**）ir → yendo

   ＊目的語代名詞（再帰含む）は原則直後に後置 reírse → riéndose

2) [進行形] **estar** + 現在分詞「～しつつある、している」＊時制は estar の活用により表す

   Los niños *están durmiendo* en su cuarto.
   Yo *estaba pensando* en ti.

3) [副詞的用法]「～しながら」（同時性）「～し、」（継起）（文脈により「条件」）

   Estudié español *oyendo* música.
   Paseando por la calle, me encontré con un amigo mío.

2. 過去分詞の用法

1) 過去分詞　★基本の意味は「完了」「前時」（他動詞の場合「受身」）＊不規則形⇒11課参照

   | **-ar → -ado** | hablar → hablado |
   | **-er/-ir → -ido** | comer → comido, vivir → vivido |

   ＊leer → leído, oír → oído, traer → traído, caer → caído

2) [形容詞的用法]「～した」「～された」＊過去分詞は名詞の性数に一致（-o,a,os,as）

   la tecnología *avanzada*
   unas ventanas *abiertas*　（＊abierto < abrir 過去分詞不規則）
   dos novelas *escritas* en español（＊escrito < escribir 過去分詞不規則）

3) [受身] **ser** + 過去分詞＊(+ por ...)「(... によって) ～される」＊主語に性数一致

   Los ladrones *fueron detenidos por* la policía.

4) [結果状態] **estar** + 過去分詞＊「～して（されて）いる」＊主語に性数一致

   La alumna *está sentada* en el banco.

5) [副詞的用法]「～して」「～されて」＊自動詞主語または他動詞目的語に性数一致

   Elena se metió en la cama *vestida*.
   Dicho esto, el profesor se fue del aula.
   Llegado el avión al aeropuerto, salieron los viajeros.

6) [完了時制] **haber** + 過去分詞 ⇒ 11課および巻末付録参照

Vamos a aprender más

LECTURA 4   La Tomatina

La Tomatina es una fiesta que se celebra en un pueblo de Valencia(España) que se llama Buñol. Los participantes se tiran tomates unos a otros. Tiene lugar el último miércoles de agosto dentro de la semana de fiestas del pueblo. Posiblemente después de los Sanfermines es la segunda fiesta española más conocida mundialmente.

Dicen que el origen de la fiesta fue en 1944, cuando en un desfile de Gigantes y Cabezudos unos jóvenes que querían participar acabaron discutiendo lanzándose las verduras que había en un puesto del mercado.

La fiesta ha sido prohibida varias veces a lo largo de su historia, sin embargo, en 1959 se autorizó definitivamente y solo pueden tirarse tomates cuando se lanza un cohete y debe terminar cuando vuelve a lanzarse otro.

Desde 1980 el ayuntamiento provee de tomates a los participantes. Es en 1990 cuando realmente se hizo popular en España. En aquel año fue emitido un documental por la Televisión Española y de ahí pasó a ser conocida mundialmente.

NOTAS

Tomatina トマト(tomate)祭り
Buñol ブニョル（村の名）
unos a otros お互いに
tener lugar 行われる
los Sanfermines サンフェルミン祭
cuando （時の関係副詞）〜する・した時
desfile [男] 行列、パレード
Gigante [男] 巨人人形
Cabezudo [男] 大頭人形
acabar （+現在分詞）ついには〜する

puesto [男] 屋台、売店
ha sido < ser 現在完了3人称単数形
prohibir 禁止する
ha sido prohibido 禁止されてきた
a lo largo de 〜を通して、〜にわたって
definitivamente 決定的に、最終的に
proveer de 〜を供給する、用意する
volver a （+不定詞）再び〜する
Televisión Española スペイン国営放送
pasar a （+不定詞）〜に移行する、〜し始める

Gigantes(1)

Gigantes(2)

Vamos a aprender más

Ejercicios [apéndice2]

練習1 括弧内の不定詞を現在進行形にしなさい。(括弧内には2語入る)
1) Nosotros (tomar →) vino en un bar.
2) ¿Qué (decir →)? [tú]
3) Yo (escribir →) una carta a mi amiga.
4) Los niños (ver →) la televisión.
5) Eva (oír →) la radio.

練習2 現在分詞を用いてスペイン語にしなさい。
1) Maríaは泣きながら(llorar)家から出てきた(salir)。
2) 君は今何をしているの(hacer)?
3) 私は小説(una novela)を読んでいるところです(leer)。
4) そのとき(entonces)私はバス(un autobús)を待っていました(esperar)。(estar 線過去で)
5) 君たちはスペイン語を勉強していたの(estudiar)? (estar 線過去で)

練習3 日本語の意味に合うよう、括弧内の動詞を適切な過去分詞にしなさい。
1) これらの本はラテン語で書かれている。(escribir, 過去分詞 escrito)
   Estos libros están ( ) en latín.
2) この小説は1605年にセルバンテスによって書かれた。(escribir, 同上)
   Esta novela fue ( ) por Cervantes en 1605.
3) これはとても良く知られた映画です。(conocer)
   Esta es una película muy ( ).
4) あの本屋は閉まっている。(cerrar)
   Aquella librería está ( ).
5) この建物はガウディによって建てられた。(construir)
   Este edificio fue ( ) por Gaudí.

練習4 過去分詞を用いてスペイン語にしなさい。
1) これ(este)はスペインで生産された(producir en España)ワインです。
2) これら(estos)は子供向け(子供に向ける destinar a los niños)の本です。
3) 日本選抜チーム(la selección japonesa)はスペイン選抜チームに敗れた(vencer, 受身形で)。
4) 食卓(mesa)は準備ができています(preparar)。
5) そのドア(puerta)は開いていた(abrir, 過去分詞 abierto)。

☆
☐ aula ☐ avanzar ☐ cama ☐ destinar ☐ detener ☐ ladrón ☐ latín ☐ llorar
☐ meter ☐ pasear ☐ policía ☐ preparar ☐ reír ☐ selección ☐ tecnología
☐ vencer ☐ vestirse ☐ viajero

Lección 11

¿Has estado alguna vez en España?
「スペインに行ったことはありますか？」

Expresiones

① A: ¿Me has esperado mucho?
② B: No, no te he esperado tanto. Acabo de llegar.

③ A: ¿Habéis comido ya?
④ B: No, no hemos comido todavía.

⑤ A: ¿Has estado alguna vez en España?
⑥ B: Sí, he estado dos veces allí.

⑦ A: He visto la obra de teatro que me recomendaste.
⑧ B: Es una obra muy conocida. ¿Te ha gustado?

⑨ A: Yo nunca te he mentido.
⑩ B: ¿De verdad? ¿Cómo puedes decirme eso?

acabar de（＋不定詞）〜したばかりだ
alguna vez 一度でも、いつか
conocido 知られた ＜ **conocer**（過去分詞の形容詞的用法⇒文法補足２）
de verdad 本当に
¿cómo 〜?（いったい）どうして

☐ acabar ☐ catalán ☐ cubrir ☐ mentir ☐ obra ☐ todavía ☐ vez

Gramática 11

1. 過去分詞

| -ar → -ado |
| -er/-ir → -ido |

hablar → hablado
comer → comido, vivir → vivido

* leer → leído, oír → oído, traer → traído, caer → caído

[不規則形] abrir → abierto, cubrir → cubierto, decir → dicho, escribir → escrito, hacer → hecho, morir → muerto, poner → puesto, romper → roto, ver → visto, volver → vuelto

（過去分詞の用法⇒文法補足2）

2. 直説法現在完了

1) 現在完了の活用形 … **haber** 直説法現在 + 過去分詞（過去分詞は不変化）

＊haber 直説法現在　he, has, ha, hemos, habéis, han

hablar

he hablado	hemos hablado
has hablado	habéis hablado
ha hablado	han hablado

comer

he comido	hemos comido
has comido	habéis comido
ha comido	han comido

levantarse

me he levantado	nos hemos levantado
te has levantado	os habéis levantado
se ha levantado	se han levantado

2) 現在完了の用法

(1) 完了　「（現在までに）～し（てしまっ)た」

　Hemos llegado a Madrid esta mañana.

(2) 経験　「～したことがある」

　¿*Has estado* alguna vez en Barcelona?

(3) 継続　「（今までずっと）～してきた」

　Siempre *he querido* ver el teatro *Kabuki*.

3. 関係詞

que … 先行詞＝人、もの
　前置詞＋**el（la / los / las）+ que** … 前置詞の後では通常定冠詞を伴う。
　el（la / los / las）que …「～する人」先行詞を含む用法。
lo que …「～すること」先行詞を含む（英：what）。または前文の内容を先行詞とする。
quien … 先行詞＝人　前置詞を伴わない限定用法は不可。先行詞を含む用法あり。
donde（= en el que）… 先行詞＝場所（en ～ に相当）

　　　　Esta es la chica *que* salió conmigo anoche.
　　　　Este es el chico *del que* (= *de quien*) hablábamos.
　　　　Los que (= *Quienes*) viven en Barcelona hablan catalán.
　　　　No entiendo *lo que* quieres decir.
　　　　Visité la ciudad *donde* (= *en la que*) vive mi amigo.
　　　　Tengo dos hermanos, *que* (= , *quienes*) viven en Sevilla.

Vamos a practicar 11

[A] estar の現在完了形を入れて会話を完成させなさい。
1) ¿(　　　　　　　　) en México? [tú]
 .. Sí, (　　　　　　　　) una vez.
2) ¿(　　　　　　　　) en Perú? [usted]
 .. Sí, (　　　　　　　　) este mes.
3) ¿(　　　　　　　　) en Estados Unidos? [ustedes]
 .. Sí, (　　　　　　　　) dos veces.
4) ¿(　　　　　　　　) en Corea? [vosotros]
 .. Sí, (　　　　　　　　) esta primavera.
5) ¿(　　　　　　　　) en Europa? [tú]
 .. No, no (　　　　　　　　) nunca.

[B] 音声を聞き、適切な語句を入れて会話を完成させなさい。
1) ¿Has visto la (　　　　　　　　) de Santiago de Compostela? .. Sí, la he visto una vez.
2) ¿Has visto alguna (　　　　　　　　) en España? .. No, no he visto ninguna.
3) ¿Has visto algún (　　　　　　　　) de El Greco? .. Sí, he visto algunos.
4) ¿Has visto las (　　　　　　　　) de Machu Picchu? .. No, no las he visto todavía.
5) ¿Has visto alguna (　　　　　　　　) española? .. Sí, he visto una.

[C] 適切な疑問詞を入れて文を完成させなさい。
1) ¿(　　　　) es esto? .. Es una lámpara.
2) ¿(　　　　) es ese señor? .. Es el profesor González.
3) ¿(　　　　) vas a España? .. Voy a España en marzo.
4) ¿(　　　　) vives? .. Vivo en Yokohama.
5) ¿(　　　　) vais? .. Vamos al teatro.
6) ¿(　　　　) es tu número de teléfono? .. Mi número de teléfono es el 123 4567.
7) ¿(　　　　) es? .. Son catorce euros.
8) ¿(　　　　) años tienes? .. Tengo veintiséis años.
9) ¿(　　　　) estudias español? .. Porque me interesa la cultura mexicana.
10) ¿(　　　　) está usted? .. Estoy bien, gracias.

⭐ ☐ Corea ☐ corrida de toros ☐ cuadro ☐ cultura ☐ Europa ☐ gracias
☐ lámpara ☐ número ☐ por qué ☐ ruina

関係形容詞 cuyo
所有形容詞に相当する所有関係詞。(先行詞でなく) 所有物に性数一致。
　Tengo un amigo español *cuya* esposa es japonesa.
　Visité a una chica *cuyo* padre estaba enfermo.

Ejercicios 11

練習 1 現在完了の適切な活用形にして、全文を和訳しなさい。

1) Yo (llegar →   ) ya al aeropuerto.
2) ¿(Leer →   ) esa novela? [vosotros]
3) Mis hijos todavía no (volver →   ) a casa.
4) Elena no me (decir →   ) nada de eso.
5) ¿(Ver →   ) alguna fiesta española? [tú]

練習 2 括弧内の動詞の現在完了を用いてスペイン語にしなさい。

1) 私はもう食事をしてしまった(comer)。
2) Luis は彼の妻(esposa)といっしょに出かけた(salir)。
3) 君はフランスへ(一度でも alguna vez)行ったことがありますか (estar)?
4) 今朝、雨が降った(llover)。
5) 子供たちはもう寝てしまった(acostarse)。

練習 3 日本語に合うよう、適切な関係詞を入れなさい。

1) 君がくれた辞書はとても役に立つ。
　El diccionario (   ) me diste es muy útil.
2) ここが私たちが先週パエリアを食べたレストランです。
　Este es el restaurante (   ) comimos paella la semana pasada.
3) 昨日会った女の子は María です。
　La chica a (   ) vi ayer es María.
4) 100 年以上前アントニオ・ガウディはサグラダ・ファミリアを設計したのだが、それを私たちは昨年訪問した。
　Hace más de cien años Antonio Gaudí diseñó la Sagrada Familia, (   ) visitamos el año pasado.
5) この小説を書いたのはガブリエル・ガルシア・マルケスです。
　El (   ) escribió esta novela es Gabriel García Márquez.

練習 4 関係詞を用いてスペイン語にしなさい。

1) これが私たちが先月買った(comprar 点過去)車(coche)です。
2) こちらが私が(彼女について)話していた(hablar de 線過去)女性(señora)です。
3) Alfonso には姉が一人いるが、彼女はニューヨーク (Nueva York) で働いている。
4) これが僕たちが勉強している大学です。
5) 学生たちは先生の言った(decir 現在完了)ことを理解していない(entender 現在)。

★ ☐ diseñar　☐ esposa　☐ Francia　☐ llover　☐ más de　☐ Nueva York　☐ útil

Lección 12

Iremos de excursión a Segovia.
「セゴビアへ遠足に行くでしょう」

Expresiones

① Si hace buen tiempo mañana, iremos de excursión a Segovia.
② Saldremos por la mañana temprano.

③ Está sonando el teléfono.
④ Será Amelia.

⑤ A: Creíamos que María vendría a la fiesta.
⑥   Pero al final no vino.
⑦ B: ¡Qué lástima!

⑧ A: Me gustaría reservar una mesa para cuatro personas.
⑨ B: ¿Para qué día?
⑩ A: Para el 10 de mayo a las siete de la tarde.

hacer buen tiempo 天気がよい
ir de excursión 遠足に行く
Segovia セゴビア（スペインの都市）
al final 結局
¡qué lástima! なんて残念な！（感嘆文）

Acueducto de Segovia

☐ deber ☐ excursión ☐ final ☐ lástima ☐ lugar ☐ persona ☐ reservar
☐ septiembre ☐ si ☐ tiempo

Gramática 12

1. 直説法未来

1) 活用 ... 不定詞 + 未来語尾（全動詞共通）**-é, ás, á, emos, éis, án**

　＊不規則活用 ... 語幹が不定詞と同じでないもの。
　　　poder → **podr**é, querer → **querr**é, saber → **sabr**é, haber → **habr**é
　　　poner → **pondr**é, salir → **saldr**é, tener → **tendr**é, venir → **vendr**é
　　　hacer → **har**é, decir → **dir**é

hablar　　　　　　　　　　　**tener**[不規則]

hablar**é**	hablar**emos**	tendr**é**	tendr**emos**
hablar**ás**	hablar**éis**	tendr**ás**	tendr**éis**
hablar**á**	hablar**án**	tendr**á**	tendr**án**

2) 用法
(1)（不確実な）未来
　　Viajaré a Madrid en septiembre.　　　cf. Viajo a Madrid en septiembre.
(2) 現在の推量
　　El chico *tendrá* veinte años más o menos.　　cf. Tiene veinte años.

2. 直説法過去未来

1) 活用 ... 不定詞 + 過去未来語尾（全動詞共通）**-ía, ías, ía, íamos, íais, ían**

　　　　　　　　　　　　　　　　　　　　（＊線過去 -er / -ir の活用語尾と同じ）

　＊不規則活用 ... 過去未来は未来形と共通の語幹を持つ。
　　　poder → **podr**ía, querer → **querr**ía, saber → **sabr**ía, haber → **habr**ía
　　　poner → **pondr**ía, salir → **saldr**ía, tener → **tendr**ía, venir → **vendr**ía
　　　hacer → **har**ía, decir → **dir**ía

hablar　　　　　　　　　　　**tener**[不規則]

hablar**ía**	hablar**íamos**	tendr**ía**	tendr**íamos**
hablar**ías**	hablar**íais**	tendr**ías**	tendr**íais**
hablar**ía**	hablar**ían**	tendr**ía**	tendr**ían**

2) 用法
(1) 過去から見た未来（時制の一致）
　　Dije a mi amiga española que *viajaría* a Madrid en septiembre.
(2) 過去の推量
　　Juan *tendría* veinte años más o menos cuando se casó.
(3) 丁寧、婉曲
　　¿*Podría* decirme por dónde se va a la estación de Tokio?
　　Deberías estudiar español más.
(4) 条件の帰結（仮定的意味⇒文法補足 3「条件文」）
　　Yo, en tu lugar, no *compraría* ese coche.

Vamos a practicar 12

[A] 音声を聞き、会話を完成させなさい。
1) ¿Qué harás este fin de semana? .. (　　　　　　) una película.
2) ¿Qué harás mañana? .. (　　　　　　) los deberes.
3) ¿Qué haréis la semana próxima? .. (　　　　　　) a Cuba.
4) ¿Qué haréis este domingo? .. (　　　　　　) de compras.
5) ¿Qué hará usted durante las vacaciones? .. (　　　　　　) en casa de mis padres.

[B] 動詞を未来形にして文を完成させなさい。
1) *estudiar* en casa esta tarde [yo]
2) *venir* más de 10 000 personas al concierto
3) *tener* unos sesenta años [él]
4) *hacer* frío mañana [3単]
5) *verse* otro día [nosotros]

[C] 動詞を過去未来形にして丁寧・婉曲用法の文にしなさい。
1) *Querer* reservar día y hora con el doctor López. [yo]
2) ¿*Poder* anular mi reserva del vuelo de pasado mañana? [usted]
3) ¿*Poder* enseñarme las fotos? [tú]
4) *Deber* quedaros en casa. [vosotros]
5) El lunes tenemos una cita. *Preferir* el martes. [nosotros]
6) ¿*Poder* hablar con el señor García? [yo]

[D] 音声を聞き、天候表現を表す動詞を入れなさい。
1) ¿Qué tiempo (　　　　　) hoy en tu ciudad? .. (　　　　　) sol.［現在］
2) En Japón (　　　　　) mucho en junio.［現在］
3) En España (　　　　　) poco.［現在］
4) Hoy (　　　　　) nublado.［現在］
5) Este verano (　　　　　) mucho calor.［現在完了］
6) Anoche (　　　　　) mucho viento.［点過去］
7) Mañana (　　　　　) buen tiempo.［未来］
8) (　　　　　) menos frío en invierno cuando éramos niños.［線過去］

☆ ☐ anular ☐ cita ☐ compra ☐ deberes ☐ doctor ☐ enseñar ☐ nevar ☐ nublado
☐ otro ☐ pasado mañana ☐ quedarse ☐ reserva ☐ sol ☐ viento ☐ vuelo

Ejercicios 12

練習 1 未来の適切な活用形にして、全文を和訳しなさい。

1) Yo (ir →   ) al teatro el domingo.
2) Juan y María (casarse →   ) el año que viene.
3) El autobús (salir →   ) pronto.
4) Mañana nosotros (comer →   ) juntos. ¿Tú también (poder →   ) venir?
5) Mi hermana (estar →   ) en la biblioteca ahora.

練習 2 スペイン語にしなさい。

1) Juan は今家にいるだろう (estar)。
2) 私は君たちに真実 (la verdad) を言いましょう (decir)。
3) 君はそのニュース (noticia) を知るだろう (saber)。
4) 今晩雨が降るでしょう (llover)。
5) 明日私は朝 5 時に起きるでしょう (levantarse)。

練習 3 過去未来の適切な活用形にして、全文を和訳しなさい。

1) (Ser →   ) las doce de la noche cuando su marido llegó a casa.
2) Yo creía que tú (comprar →   ) aquel coche.
3) ¿(Poder →   ) usted sacarme una foto?
4) Yo, en tu lugar, le (decir →   ) la verdad a tu novia.
5) Ella (tener →   ) veintiún años cuando empezó a trabajar.

                      * veintiún+ 男性名詞

練習 4 スペイン語にしなさい。

1) 私の友人たちが家に来るだろう (venir) と私は思っていた (creer)。
2) （親しくない相手に）私を手伝って (ayudar) いただけますか (poder)？
3) 私が君の立場ならそうする (hacerlo) けどね。
4) 君はもっと早く (temprano) 起きる (levantarse) べきじゃないかな (deber)。
5) あなたにちょっとお尋ね (preguntar una cosa) したいのですが (gustar)。

★ ☐ cosa ☐ preguntar ☐ pronto ☐ sacar

Lección 13
Te recomiendo que visites el Parque Güell.
「グエル公園を訪れるよう勧めます。」

Expresiones

① A: Voy a viajar a Barcelona la semana que viene.
② B: ¿Es la primera vez que viajas a Barcelona?
③   Entonces, te recomiendo que visites el Parque Güell, que diseñó Gaudí a principios del siglo XX.
④   Es una maravilla.
⑤   Seguro que te gustará.
⑥   ¿Cuánto tiempo estarás allí?
⑦ A: Estaré una semana.
⑧ B: Quiero que me cuentes cosas de tu viaje.
⑨ A: Cuando vuelva a Tokio, te llamaré.
⑩ B: ¡Que tengas buen viaje!

es la primera vez que ～ ～するのは初めてである
Parque Güell グエル公園
Gaudí ガウディ（カタルーニャの建築家。Antonio Gaudí 1852-1926)
a principios de ～ ～の初めに
siglo XX(veinte) 20世紀
seguro que ～ きっと～
¡que ＋接続法現在！ ～しますように

Parque Güell, Barcelona

☐ contar   ☐ primero   ☐ principio   ☐ seguro   ☐ siglo   ☐ viaje

Gramática 13

1. 接続法
未実現のことや想定したことを、事実かどうかの判断を保留して主観的に表す動詞形式。接続法には現在形と過去形、およびそれぞれの完了形（⇒文法補足3）がある。

1) 接続法現在
①規則的に作れるもの … 直説法現在1人称単数が o で終わるものはその o を取った形が語幹。
接続法現在の語尾　-ar 動詞→ e 系語尾（**-e, es, e, emos, éis, en**）
　　　　　　　　　-er/-ir 動詞→ a 系語尾（**-a, as, a, amos, áis, an**）

hablar（直説法現在1単 habl**o**）　　**tener**（直説法現在1単 teng**o**）

habl**e**	habl**emos**	teng**a**	teng**amos**
habl**es**	habl**éis**	teng**as**	teng**áis**
habl**e**	habl**en**	teng**a**	teng**an**

visitar		comer		venir	

②語幹母音変化動詞（①の変形） … L 字型に母音変化。-ir 動詞は1,2人称複数でも母音変化あり。
　pens**ar**（e-ie 型）→ p**ie**nse, p**ie**nses, p**ie**nse, pensemos, penséis, p**ie**nsen
　volv**er**（o-ue 型）→ v**ue**lva, v**ue**lvas, v**ue**lva, volvamos, volváis, v**ue**lvan
　sent**ir**（e-ie-i 型）→ s**ie**nta, s**ie**ntas, s**ie**nta, s**i**ntamos, s**i**ntáis, s**ie**ntan
　dorm**ir**（o-ue-u 型）→ d**ue**rma, d**ue**rmas, d**ue**rma, d**u**rmamos, d**u**rmáis, d**ue**rman
　ped**ir**（e-i-i 型）→ p**i**da, p**i**das, p**i**da, p**i**damos, p**i**dáis, p**i**dan

③完全不規則 … 以下の6つ（直説法現在が o で終わらないもの）。語尾は規則活用と同じ。
　ser → **sea**, saber → **sepa**, ir → **vaya**, haber → **haya**, estar * → **esté**, dar * → **dé**
　（例）ser → sea, seas, sea, seamos, seáis, sean
　　　　estar → esté, estés, esté, estemos, estéis, estén
　　　　dar → dé, des, dé, demos, deis, den　　　　　＊estar, dar アクセント符号に注意

　Te recomiendo que *vayas* al Museo Picasso.
　El profesor me dice que *estudie* más.

2) 接続法過去 … ra 形と se 形がある。使用頻度は ra 形のほうが優勢である。
ra 形は点過去3人称複数形語尾の **-ron** を **-ra** に置き換えて1人称単数形をつくる。
接続法過去 ra 形語尾 -ra, ras, ra,(´)ramos, rais, ran [全動詞共通]
　　　　　　　　　　＊1複は語尾の直前の母音にアクセント hablá**ramos**, tuvié**ramos**
　　　　　　　　　　＊規則動詞は **-ar** 動詞 → **ara**, **-er /-ir** 動詞 → **iera** となる。
　　　　　　　　[参考] **se 形語尾は -se, ses, se,(´)semos, seis, sen**

hablar（直説法点過去3複 hablaron）　　**tener**（直説法点過去3複 tuvieron）

habla**ra**	hablá**ramos**	tuvie**ra**	tuvié**ramos**
habla**ras**	hablaráis	tuvie**ras**	tuvie**rais**
habla**ra**	habla**ran**	tuvie**ra**	tuvie**ran**

comer → (comieron) → comie**ra**, comie**ras**, comie**ra**, comié**ramos**, comie**rais**, comie**ran**
decir → (dijeron) → dije**ra**, dije**ras**, dije**ra**, dijé**ramos**, dije**rais**, dije**ran**

　Te recomendé que *fueras* al Museo Picasso.　　「時制の一致」
　El profesor me dijo que *estudiara* más.　　　＊接続法過去の用法 ⇒ 詳細は文法補足3参照

Vamos a practicar 13

[A] ¡Que ～!に動詞の接続法現在形を続けて、括弧内の主語に対する願望文を作りなさい。
1) *pasar* el examen [nosotros]
2) *hacer* buen tiempo [3単]
3) *tener* buenas vacaciones [ustedes]
4) *ser* feliz [vosotros]
5) *mejorarse* pronto [tú]

[B] 動詞の接続法現在形を入れて文を完成させなさい。
1) No creo que (ganar →   ) el partido. [ellos]
2) No creo que (llegar →   ) al aeropuerto a tiempo. [nosotros]
3) Te recomiendo que (decir →   ) la verdad a tus padres.
4) Os recomiendo que (leer →   ) esta novela.
5) Le recomiendo a usted que (ver →   ) esta película.

☆ ☐ feliz ☐ lotería ☐ mejorarse ☐ ojalá ☐ para que ☐ posible ☐ quizá(s)
☐ reunión ☐ tal vez ☐ todo

◇接続法の用法 (1)

1) 名詞節 ... 主節が願望、要求、疑惑、感情、評価、可能性などを表す動詞の従属節で。
   Quiero que ustedes *visiten* Nara.
   Te pido que me *ayudes*.
   Me dicen que *venga* a la reunión.   cf. Me dicen que vienen a la reunión.
   No creo que *venga* Juan.   cf. Creo que viene Juan.
   Me alegro de que todos ustedes *estén* bien.
   Es posible que *llueva* mañana.

2) 形容詞節（関係節）... 先行詞の指示対象が実在しないか実在不明の場合の関係節内で。
   Buscan un empleado que *hable* español e inglés.
   No hay nadie que *conozca* a Luis.

3) 副詞節 ... 未来の時、条件、譲歩、目的など未実現のことを表す接続詞節内で。
   Cuando *viajemos* a España, iremos al Museo del Prado.
   Jugaremos al tenis aunque *llueva*.
   Voy a llevarte al teatro *Kabuki* para que *conozcas* mejor la cultura japonesa.

4) 独立文 ... 願望・疑惑を表す副詞とともに。
   ¡Ojalá *haga* buen tiempo!
   ¡Que lo *pases* bien!
   Quizá(s)/ Tal vez *venga* Juan.
   ¡Ojalá me *tocara* la lotería! (⇒文法補足3「接続法過去の用法」)

Ejercicios 13

練習 1 日本語の意味になるよう接続法現在の適切な活用形にしなさい。(名詞節)

1) あなた方にそのレストランでパエリアを食べるようお勧めします。
   Les recomiendo a ustedes que (comer → 　　　　　　) paella en ese restaurante.
2) 君が1時間目の授業に遅刻するのではないかと私は心配しています。
   Temo que tú (llegar → 　　　　　　) tarde a la primera clase.
3) María は君たちがパーティーに参加してくれるのを喜んでいる。
   María se alegra de que vosotros (asistir → 　　　　　　) a la fiesta.
4) 君に本当のことを言ってほしい。
   Quiero que tú (decir → 　　　　　　) la verdad.
5) Ana に恋人がいる(tener novio)とは思わない。
   No creo que Ana (tener → 　　　　　　) novio.

練習 2 日本語の意味になるよう接続法現在の適切な活用形にしなさい。(形容詞節、副詞節、独立文)

1) 私はもっとよく作動するコンピュータがほしい。
   Quiero un ordenador que (funcionar → 　　　　　　) mejor.
2) 君はアラビア語がわかる人を誰か知ってる？
   ¿Conoces a alguien que (saber → 　　　　　　) árabe?
3) たとえ(彼が)金持ちでも、私は Juan とは結婚しないつもりだ。
   No voy a casarme con Juan aunque (ser → 　　　　　　) rico.
4) 母は駅に着いたら、私に電話をくれるだろう。
   Cuando mi madre (llegar → 　　　　　　) a la estación, me llamará.
5) 君が幸運で(tener buena suerte)ありますように！
   ¡Que (tener → 　　　　　　) buena suerte!

練習 3 接続法過去の適切な活用形にして和訳しなさい。

1) Les recomendé que (comer → 　　　　　　) paella en ese restaurante.
2) María se alegró de que vosotros (asistir → 　　　　　　) a la fiesta.
3) Yo no creía que Ana (tener → 　　　　　　) novio.
4) Yo quería un ordenador que (funcionar → 　　　　　　) mejor.
5) Yo no conocía a nadie que (saber → 　　　　　　) árabe.

☆ ☐ alegrarse ☐ árabe ☐ asistir ☐ aunque ☐ funcionar ☐ rico ☐ suerte ☐ temer

Lección 14

Oiga, por favor.
「ちょっとすみませんが」

Expresiones

① A: Oiga, por favor.
② ¿Dónde está la Plaza de España?
③ B: Siga derecho por esta calle y gire a la izquierda.
④ A: ¿Se puede ir andando?
⑤ B: Sí, se tarda unos diez minutos a pie.
⑥ A: Muchas gracias.
⑦ B: De nada.
⑧ Usted habla español como si fuera de Madrid.
⑨ A: Gracias. Adiós.
⑩ B: Adiós. Buen viaje.

oiga すみません（人に声をかけるときに用いる）< **oír** 接続法現在
Plaza de España スペイン広場
andando 歩いて < **andar** 現在分詞
se tarda （人は一般に）時間がかかる（再帰動詞の不定人称用法）
unos ＋数詞　約、およそ〜
como si （＋接続法過去）まるで〜であるかのように
fuera < **ser** 接続法過去 ra 形
　[fuera, fueras, fuera, fuéramos, fuerais, fueran]

Plaza de España, Madrid

☐ adiós　☐ derecho　☐ girar　☐ tardar

Gramática 14

1. 肯定命令

主語（＝相手）により用いる形が異なる。

yo		nosotros	接続法現在 1 人称複数形
tú	直説法現在 3 人称単数形（不規則あり）	vosotros	不定詞の r を d に換える
usted	接続法現在 3 人称単数形	ustedes	接続法現在 3 人称複数形

hablar		**comer**		**tener**	
	habl**emos**		com**amos**		teng**amos**
habl**a**	habla**d**	come	come**d**	**ten**	tene**d**
habl**e**	habl**en**	com**a**	com**an**	teng**a**	teng**an**

＊2 人称単数不規則形：decir → **di**, hacer → **haz**, ir → **ve**, poner → **pon**, salir → **sal**, ser → **sé**, tener → **ten**, venir → **ven**

Pasa.

Abra la puerta, por favor.

Siéntense aquí, por favor.

　　＊肯定命令では再帰代名詞および目的語代名詞は動詞の直後に直接つく。(*Cómelo.*)

◇ **再帰動詞の肯定命令**　　1・2 人称複数形は再帰代名詞の直前の語尾が 1 文字落ちる。

　　sentarse → sentemos + nos ⇒ sentémonos

　　　　　　→ sentad + os ⇒ sentaos

1) esperar（待つ）(tú) ⇒ ....
2) venir（来る）(ustedes) ⇒ ....
3) escribir（書く）(vosotros) ⇒ ....
4) sentarse（座る）(usted) ⇒ ....
5) hacerlo（そうする）(tú) ⇒ ....

2. 否定命令

全人称で接続法現在を用いる。「**no + 接続法現在**」

hablar		**comer**		**tener**	
	no habl**emos**		no com**amos**		no teng**amos**
no habl**es**	no habl**éis**	no com**as**	no com**áis**	no teng**as**	no teng**áis**
no habl**e**	no habl**en**	no com**a**	no com**an**	no teng**a**	no teng**an**

No fumes.

No abra la puerta, por favor.

No se sienten aquí, por favor.

　　＊否定命令では再帰代名詞および目的語代名詞は通常通り動詞の前に置く。(*No lo comas.*)

1) esperar（待つ）(tú) ⇒ ....
2) venir（来る）(ustedes) ⇒ ....
3) escribir（書く）(vosotros) ⇒ ....
4) sentarse（座る）(usted) ⇒ ....
5) hacerlo（そうする）(tú) ⇒ ....

Vamos a practicar 14

[A] 適切な語句を入れなさい。

1) Deme un (　　　) de (　　　　).　　　　　　　　　　　　[コップ１杯の水]
2) Deme una (　　　) de (　　　　).　　　　　　　　　　　[ワイン１本]
3) Dame un (　　　　).　　　　　　　　　　　　　　　　　　[新聞１部]
4) Tráigame una (　　　　), por favor.　　　　　　　　　　[スプーン１本]
5) Tráigame un (　　　) y un (　　　　), por favor.　　　[ナイフとフォーク]
6) Tráeme una (　　　　), por favor.　　　　　　　　　　　[毛布１枚]

[B] 適切な語句を入れ、質問に対する答えを完成させなさい。

¿Cómo se va al Museo del Prado?

1) Siga usted por esta (　　　) y gire a la (　　　) en la primera esquina.
　　　　　　　　　　　　　　　　　　　　　　　　　　　　　　　　　[通り / 右]
2) Siga todo recto, después gire a la (　　　) en la (　　) (　　　).
　　　　　　　　　　　　　　　　　　　　　　　　　　　　　　　[左 / ２本目の通り]
3) Tome el (　　) y baje en la (　　　) (　　　).
　　　　　　　　　　　　　　　　　　　　　　　　　　　　　　　[地下鉄 / ３つ目の駅]
4) Toma el (　　) y baja en la (　　　) (　　　).
　　　　　　　　　　　　　　　　　　　　　　　　　　　　　　　[バス / ５つ目の停留所]

☆　☐ bajar　☐ cuchillo　☐ divertirse　☐ esquina　☐ fila　☐ manta　☐ periódico
　　☐ quinto　☐ recto　☐ segundo　☐ tenedor　☐ tercero　☐ vaso

代名詞の後置

不定詞、現在分詞、肯定命令の目的語の場合。

　　Quiero verte.　　　Quiero casarme con Pedro.
　　Estoy leyéndolo.　Estábamos divirtiéndonos.
　　Léelo.　　　　　　Siéntense.

ただし不定詞と現在分詞の場合は前置されることもある。

　　Te quiero ver.　　　Me quiero casar con Pedro.
　　Lo estoy leyendo.　Nos estábamos divirtiendo.

序数　第１〜第10

primero*, segundo, tercero*, cuarto, quinto, sexto, séptimo, octavo, noveno, décimo
　　el segundo piso, la quinta fila
　*男性単数名詞の前で語尾脱落 ... el primer día, el tercer año

Ejercicios 14

練習 1 括弧内の相手に対する肯定命令をスペイン語で書きなさい。

1) [tú] もっと勉強しなさい（estudiar）！
2) [usted] コーヒーを1杯（un café）私に持ってきてください（traer）。
3) [nosotros] パエリア（paella）を食べましょう（comer）。
4) [vosotros] たくさん飲みなさい（beber）。
5) [tú] ここに来て（venir）！
6) [usted] お母さまにお礼をお伝えください（dar gracias a）。

練習 2 括弧内の相手に対する肯定命令をスペイン語で書きなさい。

1) [usted] どうぞ（por favor）コート（el abrigo）を着てください（ponerse）。
2) [tú] 今すぐ（ahora mismo）起きなさい（levantarse）！
3) [tú] ここに座って（sentarse）。
4) [nosotros] 靴（los zapatos）を脱ぎましょう（quitarse）。
5) [vosotros] 静かにしなさい（callarse）！
6) [ustedes]（料理を勧めて）どうぞお取りください（servirse）。

練習 3 括弧内の相手に対する否定命令をスペイン語で書きなさい。

1) [tú] ここに来ないで！
2) [vosotros] そんなに（tanto）飲まないで！
3) [nosotros] 夜更かししないようにしよう（acostarse tarde）。
4) [tú] 私にそれを（lo）言わないで（decir）！
5) [ustedes] 商品（las mercancías）には触らないでください（tocar）。
6) [usted] 心配しないでください（preocuparse）。

☐ callarse ☐ mercancía ☐ preocuparse ☐ servirse ☐ tanto

Vamos a aprender más

LECTURA 5 Los Reyes Católicos

Reyes Católicos es el título dado a Isabel I de Castilla y Fernando II de Aragón. Se casaron en 1469 cuando todavía eran herederos de sus tronos. Con su matrimonio unificaron por primera vez las coronas de Castilla y Aragón, dando lugar a la Monarquía Hispana. Sin embargo, el enlace matrimonial no significó la unión política de las instituciones, porque cada reino tuvo su propia moneda y legislación hasta la aparición de España como Estado nacional en el siglo XIX.

En 1492 los Reyes terminaron la Reconquista con la Guerra de Granada, que se integró a la Corona de Castilla. La reina Isabel financió poco después el viaje de Colón en su intento de encontrar una nueva ruta marítima hacia Las Indias por el oeste, lo que dio lugar al descubrimiento de América.

Para fortalecer la unión de sus reinos en base a la religión católica decretaron la expulsión de los judíos, y más tarde la de los musulmanes, si no se convertían al catolicismo. La única institución común a los dos reinos fue la Inquisición (tribunal eclesiástico que perseguía la herejía y los delitos contra la fe).

Después de la muerte de Isabel, Fernando invadió el Reino de Navarra, que pasó a formar parte del Reino de Castilla.

Al fallecer Fernando, los territorios unidos durante siglos formaron la Monarquía Española: Castilla, Aragón (con Cataluña, Valencia y Baleares), Navarra, Canarias, Nápoles, Sicilia, Cerdeña, América y el Magreb.

NOTAS

Reyes Católicos カトリック両王
Isabel I (primera) イサベル1世（在位 1474-1504）
Castilla カスティーリャ王国（= corona de ~）
Fernando II フェルナンド2世（在位 1479-1516）
Aragón アラゴン王国（= corona de ~）
trono [男] 王位
dar lugar a ~の原因・きっかけとなる
monarquía [女] 君主制、王政
Estado (nacional) 国家
Reconquista [女] レコンキスタ、国土回復運動
la Guerra de Granada グラナダ戦争（1481-92）
Las Indias インディアス（コロンブスが新大陸をインドの一部と考えたことに始まる名称）、『新大陸』
decretar 発令する、布告する
judío [男] ユダヤ教徒、ユダヤ人

musulmán [男] イスラム教徒、ムスリム
convertirse a ~に変わる、改宗する
Inquisición [女] 異端審問（所）
tribunal eclesiástico [男] 宗教（教会）裁判所
herejía [女] 異端
Reino de Navarra ナバラ王国
Nápoles ナポリ
Cerdeña サルデーニャ
el Magreb マグレブ（アフリカ北西部）

［参考文献］
原誠他『スペインハンドブック』(1982) 三省堂
飯塚一郎『大航海時代へのイベリア』(1981) 中公新書

文法補足3　接続法現在完了 / 接続法過去完了・条件文

Gramática [apéndice3]

1. 接続法現在完了・接続法過去完了 ... 基準時までの完了を表す。

1) 接続法現在完了 = **haber** 接続法現在（基準時が現在）＋ 過去分詞

hablar		comer	
haya hablado	**hayamos** hablado	**haya** comido	**hayamos** comido
hayas hablado	**hayáis** hablado	**hayas** comido	**hayáis** comido
haya hablado	**hayan** hablado	**haya** comido	**hayan** comido

　Me alegro de que *hayas tenido* éxito.
　　cf. Me alegro de que *tengas* éxito.

2) 接続法過去完了 = **haber** 接続法過去（基準時が過去）＋ 過去分詞

hablar		comer	
hubiera hablado	**hubiéramos** hablado	**hubiera** comido	**hubiéramos** comido
hubieras hablado	**hubierais** hablado	**hubieras** comido	**hubierais** comido
hubiera hablado	**hubieran** hablado	**hubiera** comido	**hubieran** comido

　No creí que *hubieras llegado* a tiempo.
　　cf. No creí que *llegaras* a tiempo.

2. 条件文

1. 単純な仮定… **Si** ＋ 直説法現在 , 直説法現在または未来（ir a ＋ 不定詞も可）
　Si *tengo* dinero, *viajaré*（*voy a viajar*）por Europa en marzo.
2. 現在の事実に反する仮定 … **Si** ＋ 接続法過去 , 過去未来
　Si *tuviera* dinero, *viajaría* por Europa en marzo.
3. 過去の事実に反する仮定 … **Si** ＋ 接続法過去完了 , 過去未来完了*
　　　　　　　　　（* **haber** 過去未来 ＋ 過去分詞 ⇒ [suplementoA-2] 参照）
　Si *hubiera tenido* dinero, *habría viajado* por Europa en marzo.

接続法の用法 (2)

1．接続法過去の用法
1) 接続法が使用される環境で主節が過去系列の時制（点・線過去、過去未来）のとき [時制の一致]
　Te *pedí que* me *ayudaras*.
　Me alegré de que todos ustedes *estuvieran* bien.
　¡Ojalá *estuvieras* aquí! ... 独立文中の接続法過去は「可能性の低さ」を表す。
2) 丁寧・婉曲
　Quisiera preguntarle una cosa.
3) 現在の事実に反する条件文の条件節
　Si *hiciera* buen tiempo, iríamos a la playa.

2. 接続法現在完了・接続法過去完了の用法 ... 主節もしくは発話時よりも前に完了
　No creo que *haya venido* Juan.　　　　　cf. No creo que venga Juan.
　Me alegré de que ustedes *hubieran vuelto* a Japón.　　cf. Me alegré de que volvieran a Japón.
　¡Ojalá me *haya tocado* la lotería!　　　　cf. Ojalá me toque la lotería.
　¡Ojalá me *hubiera tocado* la lotería!　　　cf. Ojalá me tocara la lotería.

Vamos a aprender más

Vamos a aprender más

LECTURA 6   Franco y España en el siglo XX

Francisco Franco Bahamonde fue el Jefe de Estado español durante la dictadura de 1939-1975. Nació en una familia de clase media de tradición marinera, eligió la carrera militar y terminó sus estudios en la Academia de Infantería de Toledo en 1910. Ascendió rápidamente por méritos de guerra en Marruecos y llegó a ser el General más joven de Europa.

Fue un hombre de ideas conservadoras. Desconfió del liberalismo y de la democracia, porque pensó que fueron la causa de la "decadencia" de España en el siglo XX.

Se incorporó a un golpe de Estado en Marruecos contra la segunda República española, que fracasó y se convirtió en una guerra civil que duró tres años, desde 1936 hasta 1939. El 1 de octubre de 1936 en Burgos sus compañeros de armas lo eligieron jefe político y militar.

Políticamente Franco fue un dictador personal de carácter autoritario. Su represión a la oposición fue implacable, continuando las ejecuciones políticas hasta 1975.

En 1969 Franco declaró como su sucesor al príncipe Juan Carlos, nieto de Alfonso XIII, último rey de España. Franco pensó en una continuidad política de su régimen, sin embargo, cuando murió el 20 de noviembre de 1975 y dentro de la legalidad vigente, el nuevo rey Juan Carlos I dio paso a la democracia. Este cambio pacífico de dictadura a democracia es llamado "La Transición".

Palacio Real

NOTAS

jefe de Estado 国家元首
tradición marinera 海軍の家系
elegir 選ぶ
la Academia de Infantería
　　陸軍士官学校 (infantería 歩兵隊)
General 将軍
incorporarse a ～に加わる、参加する
golpe de Estado [男] クーデター
la segunda República 第二共和制 (1931-1936)
guerra civil 市民戦争、内戦
arma [女] 武器、(複数で) 軍隊

personal 個性の強い
de carácter ～ ～な性格の
príncipe Juan Carlos フアン・カルロス皇太子
　　(Juan Carlos I 在位 1975-2014)
Alfonso XIII アルフォンソ13世
régimen [男] 政体、体制
sin embargo しかしながら
dentro de la legalidad vigente
　　現行法の範囲内で合法的に
dar paso a ～への道を開く
la Transición (民主主義への) 移行期

Vamos a aprender más

Ejercicios[apéndice3]

練習 1 接続法現在完了・接続法過去完了を用いてスペイン語にしなさい。

1- a) 君たちがここに来てくれて嬉しいです（alegrarse de que）。

   b) [a の主節を点過去に]

2- a) Juan がその試合に勝った（ganar el partido）とは思わない。

   b) [a の主節を線過去に]

練習 2 日本語の意味になるよう、括弧内の動詞を適切な形に書き換えなさい。

[現在の事実に反する仮定]

1) 私は時間があれば映画館に行くんだけど。
   Si yo (tener →   ) tiempo, (ir →   ) al cine.

2) 君はもっと早く起きれば、1時間目の授業に出席できるのに。
   Si tú (levantarse →   ) más temprano,
   (poder →   ) asistir a la primera clase.

3) 天気がよければ、私たちは出かけるのに。
   Si (hacer →   ) buen tiempo, nosotros
   (salir →   ) a la calle.

[過去の事実に反する仮定]

4) 君はメモを取っていたら、試験の日程を忘れなかったのに。
   Si tú (tomar →   ) nota, no
   (olvidarse →   ) de la fecha del examen.

5) 私は宝くじが当たって（tocar）いたら、マチュピチュの遺跡を訪れたんだけどね。
   Si me (tocar →   ) la lotería, yo
   (visitar →   ) las ruinas de Machu Picchu.

6) 先週の土曜日がよい天気だったら、子供たちは山へ遠足に行ったのですが。
   Si (hacer →   ) buen tiempo el sábado pasado,
   los niños (ir →   ) de excursión a la montaña.

☆ ☐ éxito ☐ fecha ☐ montaña ☐ nota ☐ olvidarse ☐ playa

★ Ejercicios suplementarios

補充問題 1 課

[1] 適切なスペイン語を入れなさい。

1) Hay (ひとつの [不定冠詞]　　　　) ordenador (新しい (nuevo)　　　　　　).
2) Hay (ひとつの [不定冠詞]　　　　) cafetería (小さい (pequeño)　　　　　).
3) Hay (ひとつの [不定冠詞]　　　　) librería (大きい (grande)　　　　　　).
4) Hay (いくつかの [不定冠詞]　　　) novelas (フランスの (francés)　　　　).
5) Hay (たくさんの (mucho)　　　　) cartas en (その [定冠詞]　　　　) mesa.
6) Hay (たくさんの (mucho)　　　　) (少年 (chico) [複数]　　　　　　　)
 en (その [定冠詞]　　　　) biblioteca.
7) Hay dos (木 (árbol) [複数]　　　　) (高い (alto)　　　　　　　　)
 en (その [定冠詞]　　　　) parque.
8) ¿Hay un buen restaurante en (その [定冠詞]　　　　　) calle?
9) おはようございます。(　　　　　　　) (　　　　　　　　).
10) こんにちは。(　　　　　　　) (　　　　　　　).
11) こんばんは。(　　　　　　　) (　　　　　　　).

補充問題 2 課

[1] 主語に合わせて現在形で言いなさい。　　*固有名詞等の人称代名詞でない主語は初出時は省略できない。

1a) *abrir* la ventana (窓を開ける)　　　　　　[yo]
1b) *abrir* la puerta (ドアを開ける)　　　　　　[ella]
2a) *hablar* español (スペイン語を話す)　　　　[ellos]
2b) *hablar* japonés (日本語を話す)　　　　　　[tú]
3a) *beber* vino (ワインを飲む)　　　　　　　　[usted]
3b) *beber* cerveza (ビールを飲む)　　　　　　[mi padre]
4a) *comer* arroz (お米を食べる)　　　　　　　[nosotros]
4b) *comer* jamón serrano (生ハムを食べる)　　[vosotros]
5a) *escribir* una carta (手紙を書く)　　　　　　[yo]
5b) *escribir* una novela (小説を書く)　　　　　[Mario]
6a) *estudiar* ingeniería (工学を勉強する)　　　[nosotros]
6b) *estudiar* literatura (文学を勉強する)　　　[tú]
7a) *leer* el periódico (新聞を読む)　　　　　　[él]
7b) *leer* la revista (雑誌を読む)　　　　　　　[ellas]
8a) *subir* al avión (飛行機に乗る)　　　　　　[yo]
8b) *subir* al monte Fuji (富士山に上る)　　　　[mis padres]
9a) *trabajar* en un banco (銀行で働く)　　　　[mi hermano]
9b) *trabajar* en una biblioteca (図書館で働く)　[mi amiga]
10a) *usar* el ordenador (コンピュータを使う)　　[yo]
10b) *usar* el teléfono móvil (携帯電話を使う)　[tú]
11a) *vender* melocotones (桃を売る)　　　　　[Juan]
11b) *vender* sellos (切手を売る)　　　　　　　[ellos]
12a) *viajar* por Europa (ヨーロッパを旅行する)　[ellas]
12b) *viajar* a Perú (ペルーへ旅行する)　　　　[ustedes]
13a) *comprar* un helado de fresa (いちごアイスを1つ買う) [yo]

Ejercicios suplementarios ★

13b) *comprar* un ordenador（パソコンを1台買う）　　　　[vosotros]
14a) *aprender* judo（柔道を習う）　　　　　　　　　　　　[mis amigos]
14b) *aprender* karate（空手を習う）　　　　　　　　　　　[ustedes]
15a) *bailar* flamenco（フラメンコを踊る）　　　　　　　　[mi amiga]
15b) *bailar* salsa（サルサを踊る）　　　　　　　　　　　　[tú]

補充問題 3 課

[1] 主語に合わせて現在形で言いなさい。

1a)　*ser* español　　　　　　　　　　[vosotros]
1b)　*ser* estadounidense　　　　　　　[Ana]
1c)　*ser* inglés　　　　　　　　　　　[nosotros]
1d)　*ser* alto　　　　　　　　　　　　[estos árboles]
1e)　*ser* bonito　　　　　　　　　　　[este paisaje]
1f)　*ser* guapo　　　　　　　　　　　　[María]

2a)　*estar* en el bar　　　　　　　　　[nosotros]
2b)　*estar* en la cafetería　　　　　　[ellos]
2c)　*estar* en el hotel　　　　　　　　[yo]
2d)　¿*estar* en el restaurante?　　　　[tú]
2e)　*estar* en la librería　　　　　　　[el profesor]
2f)　*estar* en la mesa　　　　　　　　　[los libros]　　*en ～には「～の上に」の意味もある。
2g)　*estar* cansado　　　　　　　　　　[mi madre]
2h)　*estar* bien　　　　　　　　　　　　[yo]　　　　　　*bien は副詞なので語尾変化しない。

[2] 適切な指示形容詞を入れなさい。

1)　(あの　　　　　　　　) gato
2)　(この　　　　　　　　) hospital
3)　(それらの　　　　　　) novelas
4)　(その　　　　　　　　) silla
5)　(あれらの　　　　　　) ordenadores
6)　(これらの　　　　　　) cartas

[3] 適切な所有形容詞を入れなさい。　　　　*君(たち)は親しい相手、あなた(方)は敬称とする。

1)　(私の　　　　　　　　) reloj
2)　(私の　　　　　　　　) perros
3)　(私たちの　　　　　　) universidad
4)　(君の　　　　　　　　) familia
5)　(君たちの　　　　　　) casa
6)　(彼の　　　　　　　　) amigos
7)　(彼らの　　　　　　　) diccionarios

補充問題 4 課

[1] 括弧内の主語に合わせて ir の現在形を入れなさい。

1)　¿Adónde (　　　　　　　) este fin de semana?　　[tú]
2)　(　　　　　　　) a Yokohama con mis amigos.　　[yo]

★ Ejercicios suplementarios

3) ¿(　　　　　　) a la universidad?　　　　[vosotros]
4) (　　　　　　) al teatro esta noche.　　　　[ellos]
5) ¡(　　　　　　) a cantar!　　　　[nosotros]

[2] 日本語に合うよう所有形容詞・指示形容詞を入れ、全文を和訳しなさい。

＊君(たち)は親しい相手、あなた(方)は敬称とする。

1) Voy al cine con una amiga (私の　　　　　　).
2) María vive con un amigo (彼女の　　　　　　).
3) (君たちの　　　　　) casa es grande pero la (私たちの　　　　　) es pequeña.
4) (君の　　　　　) zapatos son nuevos pero los (私の　　　　　) son viejos.
5) (彼の　　　　　) idea es interesante pero la (君の　　　　　) es más importante.
6) (君の　　　　　) maletas son grandes pero las (私の　　　　　) no.
7) (あなた方の　　　　　) país es rico pero el (私たちの　　　　　) no.
8) ¿(その　　　　　) móvil es (君の　　　　　)? .. No. El (私の　　　　　) está en el bolso.
9) ¿(あの　　　　　) cámara es (君たちの　　　　　)? .. No. La (私たちの　　　　　) está en la caja.
10) (これらの　　　　　) libros son (あなたの　　　　　). Los (私の　　　　　) están en casa.

[3] hay か estar の適切な方を必要があれば適切な現在形にして入れなさい。

1) ¿Qué (　　　　　) en la caja? .. (　　　　　) unas gafas.
2) ¿Dónde (　　　　　) las gafas? .. (　　　　　) en el cajón.
3) (　　　　　) un coche delante de mi casa.
4) Mi coche (　　　　　) detrás del piso.
5) ¿(　　　　　) algún hotel cerca de aquí?

補充問題 5 課

[1] conocer/saber/poder のうち適切なものを現在形にして入れなさい。

1) No (　　　　　) América Latina.　　　　[yo]
2) (　　　　　) conducir.　　　　[yo]
3) Aquí (　　　　　) usar el ordenador.　　　　[tú]
4) Mi abuela no (　　　　　) usar el ordenador.
5) ¿(　　　　　) que no tenemos clase hoy?　　　　[vosotros]

[2] 適切な現在形にして言いなさい。

1) *querer* viajar a Perú　　　　[mi abuelo]
2) *venir* de España　　　　[mis amigos]
3) ¿*poder* abrir la ventana?　　　　[usted]
4) *decir* que va a llover　　　　[ellos]
5) ¿*conocer* a María?　　　　[tú]
6) *saber* nadar muy bien.　　　　[mi hermano]
7) no *tener* hermanos　　　　[yo]
8) ¿qué *hacer* después de clase?　　　　[vosotros]
9) ¿*poner* la mesa a la sombra del árbol?　　　　[nosotros]
10) *traer* un regalo a su madre　　　　[Ana]
11) *oír* ruidos raros en el pasillo　　　　[yo]
12) *construir* una carretera　　　　[ellos]

Ejercicios suplementarios ★

補充問題 6 課

[1] 括弧内の動詞は適切な現在形にして、目的語代名詞を用いて質問に答えなさい。
1) ¿Conoces al profesor López?　.. Sí, (　　　　　　　　　).
2) ¿Conoces a la señora García?　.. No, (　　　　　　　　　).
3) ¿Conoces a los señores López?　.. Sí, (　　　　　　　　　).
4) ¿(Conocer, *usted*　　　　) a los señores López?　.. Sí, (　　　　　　　　　).
5) ¿(Conocer, *vosotros*　　　　) a mis hermanos?　.. No, (　　　　　　　　　).
6) ¿(Conocer, *vosotros*　　　　) a la profesora Moreno?.. Sí, (　　　　　　　　　).
7) ¿(Conocer, *ustedes*　　　　) a mi amiga Elvira?　.. No, (　　　　　　　　　).
8) ¿(Esperar, *ustedes*　　　　) a su amigo?　.. Sí, (　　　　　　　　　).
9) ¿(Esperar, *tú*　　　　) a tu hija?　.. No, (　　　　　　　　　).
10) ¿(Esperar, *vosotros*　　　　) a vuestra madre?　.. Sí, (　　　　　　　　　).
11) ¿(Esperar, *vosotros*　　　　) a vuestros hijos?　.. No, (　　　　　　　　　).
12) ¿(Esperar, *usted*　　　　) a sus hijos?　.. No, (　　　　　　　　　).
13) ¿Me (esperar, *tú*　　　　)?　.. Sí, (　　　　　　　　　).
14) ¿Te (ayudar, *yo*　　　　)?　.. Sí, gracias.

[2] 括弧内の動詞は適切な現在形にして、目的語代名詞を用いて質問に答えなさい。
1) ¿Me das el reloj?　.. Sí, (　　　　　　　　　).
2) ¿Le das el reloj a María?　.. No, (　　　　　　　　　).
3) ¿Me das la foto?　.. No, (　　　　　　　　　).
4) ¿Le das la foto a María?　.. Sí, (　　　　　　　　　).
5) ¿Me das los libros?　.. Sí, (　　　　　　　　　).
6) ¿Le das los libros a María?　.. No, (　　　　　　　　　).
7) ¿Me das las flores?　.. No, (　　　　　　　　　).
8) ¿Le das las flores a María?　.. Sí, (　　　　　　　　　).
9) ¿Me (dar, *vosotros*　　　　) estos libros?　.. No, (　　　　　　　　　).
10) ¿Le (dar, *vosotros*　　　　) estas revistas a María?　.. Sí, (　　　　　　　　　).
11) ¿Me (enseñar, *tú*　　　　) tu cuaderno?　.. No, (　　　　　　　　　).
12) ¿Le (enseñar, *tú*　　　　) tu foto a María?　.. Sí, (　　　　　　　　　).
13) ¿Me (enseñar, *vosotros*　　　　) vuestros cuadernos?　.. No, (　　　　　　　　　).

[3] 目的語代名詞と動詞を使って答えなさい。
1) ¿Conoces a mi hermano menor?　.. Sí, [　　　　] (　　　　).
2) ¿Dónde pones la maleta?　.. [　　　　] (　　　　) aquí al lado de la cama.
3) ¿Veis a Carmen?　.. Sí, [　　　　] (　　　　) en clase esta tarde.
4) ¿Me oyes?　.. No, no [　　　　] (　　　　).
5) ¿Qué le regaláis a María?　.. [　　　　] (　　　　) un bolso.
6) Tengo sed. ¿Me traes un vaso de agua?　.. Sí, [　　　　] [　　　　] (　　　　).
7) ¿Sabe usted dónde está el Teatro Real?　.. Lo siento. No [　　　　] (　　　　).
8) ¿Quién os enseña español?　.. [　　　　] [　　　　] (　　　　) el profesor Rodríguez.
9) ¿Te gustan los mariscos?　.. No, no [　　　　] (　　　　) mucho.
10) ¿Os interesa el arte contemporáneo?　.. Sí, [　　　　] (　　　　) mucho.

★ Ejercicios suplementarios

補充問題 7 課

[1] 点過去形にしなさい。
1) ¿Cuántos años (vivir, *tú*   ) en Madrid? .. (Vivir   ) cinco años.
2) ¿Dónde (cenar   ) ustedes? .. (Cenar   ) en un restaurante francés.
3) ¿Dónde (comer, *ellos*   )? .. (Comer   ) en casa de sus abuelos.
4) ¿A qué hora (llegar, *tú*   ) al hotel? .. (Llegar   ) a las nueve de la noche.
5) ¿Adónde (viajar   ) usted? .. (Viajar   ) a Cuba.
6) ¿Qué (pedir   ) ustedes? .. (Pedir   ) una paella.
7) ¿Cuántos euros (pagar, *tú*   )? .. (Pagar   ) trece euros.
8) ¿Cuántas horas (dormir   ) usted? .. (Dormir   ) seis horas.
9) ¿Qué (recibir, *tú*   )? .. (Recibir   ) un paquete.
10) ¿Qué (escribir   ) Mario? .. (Escribir   ) una carta.

[2] 点過去形を入れ、全文を和訳しなさい。
1) Mi padre (trabajar   ) en Bangkok cinco años y (volver   ) a Tokio en abril de 2004.
2) El día de Nochevieja yo (llegar   ) a la sala de fiestas a las ocho, y luego (llegar   ) mis amigos.
3) El sábado pasado fue* el cumpleaños de mi novia. La (invitar   ) a la cena y le (regalar   ) una pulsera.   *fue < ser 点過去 3 人称単数形。

補充問題 8 課

[1] 時の表現をスペイン語にし、動詞は点過去形にしなさい。
1) (Empezar, *yo*   ) a trabajar (4 年前   ).
2) (Haber   ) un examen de español (金曜日に   ).
3) La fiesta (ser   ) (12 月 24 日   ).
4) (昨年   ) (hacer   ) mucho calor (夏に   ).
5) ¿Cuántas horas (dormir, *tú*   ) anoche?
   .. (Dormir   ) solo (3 時間   ).

補充問題 9 課

[1] 点過去形か線過去形かの適切な方を入れなさい。
1) Los estudiantes (estar   ) a punto de suspender el examen de español, pero afortunadamente (poder   ) conseguir el crédito.
2) A mi abuela le (gustar   ) mucho pasear en verano; así que (soler   ) llevarse el quitasol al ir de paseo.
3) Mis amigos y yo (pensar   ) jugar al tenis, pero como (llover   ) mucho, no (poder   ).
4) Cuando (encontrarse, *yo*   ) con Juan en la estación, me (parecer   ) que (tener   ) mucha prisa.
5) Me (dar (3単)   ) la impresión de que ellos no (estar   ) de acuerdo conmigo.

[2] 音声を聞いて、会話を完成させなさい。さらに単語リストを利用して自由に会話しなさい。
1) ¿Qué te gusta más, (   ) o (   )?

Ejercicios suplementarios ★

.. Me gusta más (   ).
2) ¿Qué te gusta más, (   ) o (   )?
.. Me gusta más (   ).
3) ¿Qué te gusta más, (   ) o (   )?
.. Me gusta más (   ).

★ ☐ la primavera ☐ el verano ☐ el otoño ☐ el invierno ☐ la montaña ☐ la playa
☐ cantar ☐ bailar ☐ el café ☐ el té verde ☐ el vino blanco ☐ el vino tinto

[3] 適切なスペイン語にしなさい。
1) Aquel río es (.. ほど長くない (largo)   ) ese.
2) Esos trabajos son (.. ほど難しくない (difícil)   ) este.
3) Esta carta es (.. と同じくらい短い (corto)   ) aquella.
4) Este examen es (.. の中で一番難しい (difícil)   ) estos.
5) Esta habitación es (.. の中で一番良い (bueno)   ) estas.

補充問題 10 課

[1] 音声を聞いて、会話を完成させなさい。さらに親族名称を変えて会話しなさい。
1) ¿Cómo se llama tu (   )? .. (   ) Antonio.
2) ¿Cómo se llaman tus (   )? .. (   ) Juan y María.
3) ¿Cómo se llaman tus (   )? .. (   ) José y Carmen.
4) ¿Cómo se llama tu (   )? .. (   ) Julia.
5) ¿Cómo se llaman tus (   )? .. (   ) Mario y Ana.

★ ☐ abuelo/la ☐ padre ☐ madre ☐ hijo/ja ☐ tío/a ☐ sobrino/na ☐ primo/ma
☐ hermano/na ☐ nieto/ta

[2] 1人称単数現在形で全文を言い、和訳しなさい。さらに主語を替えて言いなさい。
1) (Levantarse, yo   ) a las cinco en punto.   [tú]
2) (Lavarse, yo   ) la cara.   [los gatos]
3) (Limpiarse, yo   ) los dientes.   [el niño]
4) (Ducharse, yo   ) y luego (peinarse, yo   ).   [la chica]
5) (Ponerse, yo   ) la chaqueta.   [vosotros]
6) (Sentarse, yo   ) en esta silla.   [usted]
7) (Acostarse, yo   ) a las doce.   [los niños]
8) (Irse, yo   ) de viaje.   [nosotros]
* 以下は再帰動詞ではないので注意。
9) (Lavar, yo   ) los platos.   [tú]
10) (Limpiar, yo   ) la habitación.   [nosotros]
11) (Poner, yo   ) la chaqueta al niño.   [la madre]
12) (Acostar, yo   ) a los niños.   [María]

[3] 音声を聞いて動詞を書き入れ、全文を和訳しなさい。
En invierno el sol (   ) a eso de las seis y (   ) muy temprano. Pero, como (   ): "A quien madruga, Dios le ayuda", ayer yo (   ) a las cinco, dos horas más temprano que siempre. Al (   ) la cara, no me (   )

★ Ejercicios suplementarios

　　　el agua caliente y (　　　　　) que lavármela con el agua helada.
　　　Después, tomando el desayuno, (　　　　　) el café sobre los pantalones.
　　　(　　　　　　) de piedra, es que son unos pantalones que me gustan y compré hace
　　　poco. Sí, (　　　　　) con el pie izquierdo ayer.
　　　　　　　　　　　　　　　　* levantarse con el pie izquierdo 朝からついていない（運がわるい）

☆　☐ caerse　☐ decir　☐ lavarse　☐ levantarse　☐ ponerse　☐ quedarse　☐ salir
　　☐ tener　（同じ語が複数回出現する可能性もある。リスト外の間接目的語が追加される場合もある。）

補充問題 11 課

[1] 現在完了形を入れなさい。
1) Cuando (levantarse, *yo*　　　　　) esta mañana, llovía y hacía frío.
2) Mi marido estuvo en México el año pasado, pero yo no (estar　　　　　) allí.
3) Los turistas ya (salir　　　　　) a recorrer la ciudad.
4) Yo (ponerse　　　　　) *kimono* para asistir a la boda de mi amiga.
5) Este verano (hacer　　　　　) mucho calor.

[2] 関係詞を用いてスペイン語にしなさい。
1) これが私が先週買った（点過去）靴 (zapatos) です。
2) こちらが私たちが（彼について）話していた（線過去）教授です。
3) これがピカソ Picasso の生まれた (nacer 点過去) 家です。
4) 私は君の言いたいことがわからない (entender 現在)。
5) ルイス Luis は大学に通っているが、そこは彼の家からは遠い (lejos de)。

補充問題 12 課

[1] 未来形にしなさい。
1) Te (llamar, *yo*　　　　　) esta noche.
2) Mis abuelos me (contar　　　　　) cuentos antiguos.
3) El profesor nos (hablar　　　　　) del examen final.
4) (Hacer, *nosotros*　　　　　) unas preguntas al profesor.
5) ¿Cuántas personas (venir　　　　　) a la conferencia?

[2] 過去未来形を入れ、用法に注意して訳しなさい。
1) Pensábamos que el recital (empezar　　　　　) a las siete. [過去から見た未来]
2) José y Carmen (tener　　　　　) veinte años cuando se casaron. [過去の推量]
3) El jefe nos dijo que (volver　　　　　) a la oficina dentro de una hora. [過去から見た未来]
4) Me (gustar　　　　　) reservar una mesa para el sábado 20 a las doce. [丁寧・婉曲]
5) Yo, en tu lugar, (ir　　　　　) al médico cuanto antes. [事実に反する仮定の帰結]

補充問題 13 課

[1] 括弧内の動詞を日本語に合うように接続法現在形にしなさい。
1) No creo que José y Carmen (ir　　　　　) a casarse. [名詞節]
　　　ホセとカルメンが結婚するとは思わない。

Ejercicios suplementarios ★

2) Yo quiero que vosotros (estudiar   ) en casa todos los días. [名詞節]
   私は君たちに家で毎日勉強してほしい。

3) El doctor me dice que (hacer   ) más ejercicio. [名詞節]
   医者は私にもっと運動するようにと言う。

4) Es bueno que tú (aprender   ) español. [名詞節]
   君がスペイン語を学ぶのはよいことだ。

5) Quiero ser abogado cuando (ser   ) mayor. [副詞節]
   大きくなったら僕は弁護士になりたい。

6) Buscamos un empleado que (hablar   ) tres idiomas. [形容詞節]
   私たちは三か国語を話す従業員を探している。

7) Quiero un coche que (correr   ) más rápido. [形容詞節]
   私はもっと速く走る車がほしい。

8) Con él no me apetece salir aunque me (invitar   ) a cenar en un restaurante de cinco tenedores. [副詞節]
   たとえ高級レストランに夕食に誘われても、彼とは出かけたくない。

[2] 接続法過去形を入れ、和訳しなさい。
  1) Ojalá (estar, *tú*   ) aquí.
  2) Ojalá (saber, *yo*   ) hablar quechua.
  3) Si (tener, *nosotros*   ) tiempo, iríamos al museo a ver la exposición de Dalí.
  4) Me gustaría que (venir, *tú*   ) conmigo.
  5) Mari baila tango como si (ser   ) argentina.

補充問題 14 課

[1] 肯定命令または否定命令の形を用いてスペイン語にしなさい。
  1) おなかすいてるの (tener hambre)？それなら (entonces) もっと食べなさいよ。　　　[tú]
  2) ナイフ (cuchillo) を落としてしまいました (caerse 現在完了)。1つ持ってきてください。[usted]
  3) 心配しないで (preocuparse)。さあ (ahora)、落ち着いて (tranquilizarse)。　　　[tú]
  4) 気を付けて (tener cuidado)。走らないで (correr)。　　　[vosotros]
  5) 列にならんでください (ponerse a la cola)。　　　[ustedes]

churros

★ Suplemento A-1

スペイン語　品詞一覧

名詞 *sustantivo*		物事の名前。男性名詞と女性名詞があり、多くは複数形を持つ。　*libro*（男性単数）/ *libros*（男複）、*casa*（女性単数）/ *casas*（女複）
人称代名詞 *pronombre personal*		名詞の代わりをする語。話し手「私」が1人称、話し相手「君」が2人称、それ以外の「彼、彼女、彼ら、それ、それら」等が3人称である。1人称、2人称、3人称のそれぞれに単数・複数の形がある。なお、スペイン語では敬称の「あなた（方）」は3人称扱いとなる。
	主語人称代名詞 *pronombre tónico de sujeto*	「私が、私たちが」等、主語に用いられる代名詞。*yo, tú, él, ...*
	目的語人称代名詞 *pronombre átono*	「私を、私に」等、直接（〜を）・間接（〜に）の目的語に用いられる代名詞。活用した動詞の直前に置かれる。　*me, te, lo, la ...*（直接目的語（〜を））、*me, te, le ...*（間接目的語（〜に））
定冠詞 *artículo definido*		名詞の前に付き、「その、例の」の意味。名詞の性数に一致。聞き手もわかっているものを指す。*el, la, los, las*
不定冠詞 *artículo indefinido*		名詞の前に付き、「ある、ひとつの、いくつかの」の意味。名詞の性数に一致。聞き手はわからないものを指す。*un, una, unos, unas*
形容詞 *adjetivo*		名詞を修飾し（原則名詞に後置）、その性質を表す。名詞の性数に一致。　*un libro blanco, unas casas blancas*
所有形容詞 *adjetivo posesivo*		「私の、君の」等、所有者を表す。前置形と後置形がある。名詞の性数に一致。*mi, tu, su, ... / mi libro*（前置形）、*mío, tuyo, suyo... / un libro mío*（後置形）なお、前置形の *mi, tu, su* は男女同形。*mi libro / mi casa*
指示形容詞 *adjetivo demostrativo*		「この、その、あの」に相当する語。名詞に前置され、名詞の性数に一致。*este, ese, aquel, ...*
副詞 *adverbio*		動詞や形容詞・副詞を修飾し、量や程度（*bastante*「かなり」, *muy*「とても」）、様態（*despacio*「ゆっくり」）、時間（*ya*「もう」, *todavía*「まだ」）等を表す。
動詞 *verbo*		動作や状態を表す。時制ごとに、主語の人称と数に一致した活用形を持つ。*hablar, comer, vivir*
	再帰動詞 *verbo reflexivo*	再帰代名詞を伴う動詞。*levantarse, ponerse*
	不定詞 *infinitivo*	動詞の原形（辞書の見出しの形）のこと。*hablar, comer, vivir*
	現在分詞 *gerundio*	英語の -ing 形に相当。*hablando, comiendo, viviendo* 未完了や同時性を表す。*estar+* 現在分詞で進行形を作る。いくつかの動詞の現在分詞は不規則。*durmiendo*
	過去分詞 *participio pasado*	英語の -ed 形に相当。*hablado, comido, vivido* 単独で形容詞として用いることがあり、*haber+* 過去分詞で完了時制を作る。いくつかの動詞の過去分詞は不規則。*puesto*
前置詞 *preposición*		*a*「へ（に）」、*de*「の、から」、*en*「で（に）」、*con*「と」等、日本語の助詞に相当。主に動詞と名詞をつなぐ。*ir a España, venir de Japón, vivir en Madrid, salir con María. de* は名詞と名詞をつなぐのにも使用。*amigo de Juan*
接続詞 *conjunción*		*cuando*「〜とき」, *porque*「〜ので」等、文と文をつなぐ語。*y, o* のように名詞と名詞など同じ2品詞をつなぐ等位接続詞もある。*Japón y España, quedar o venir*
関係詞 *relativo*		名詞を修飾する文を導く語。名詞＋関係詞＋文〜で「（文）〜する（名詞）」。*el chico que vi ayer* の *que*
	先行詞 *antecedente*	関係節に先行し、関係詞が実際に指している語。*el chico que vi ayer* では *el chico*
疑問詞 *interrogativo*		*qué*「何」、*quién*「誰」、*dónde*「どこ」、*cuándo*「いつ」等、疑問を表す語。

Suplemento A-2 ★

完了時制のまとめ … 基準時までの完了を表す動詞の形
助動詞 haber ＋過去分詞の形をとる。haber が基準時の時制を表し主語の人称と数に一致。

1) 直説法現在完了 = **haber** 現在＋過去分詞　（⇒ 11 課）

hablar

he hablado	hemos hablado
has hablado	habéis hablado
ha hablado	han hablado

comer

he comido	hemos comido
has comido	habéis comido
ha comido	han comido

＊現在までの完了
　　He visto unos cuadros de Velázquez en el Museo del Prado.

2) 直説法過去完了 = **haber** 線過去＋過去分詞

hablar

había hablado	habíamos hablado
habías hablado	habíais hablado
había hablado	habían hablado

comer

había comido	habíamos comido
habías comido	habíais comido
había comido	habían comido

＊過去のある時点までの完了
　　Antes de venir a España, *había visto* unos cuadros de Velázquez.

3) 直説法未来完了 = **haber** 未来＋過去分詞

hablar

habré hablado	habremos hablado
habrás hablado	habréis hablado
habrá hablado	habrán hablado

comer

habré comido	habremos comido
habrás comido	habréis comido
habrá comido	habrán comido

＊未来のある時点までの完了、現在完了の推量
　　Para el próximo lunes, ya *habrán visto* esa película.
　　Creo que ya *habrán llegado* a casa.

4) 直説法過去未来完了 = **haber** 過去未来＋過去分詞

hablar

habría hablado	habríamos hablado
habrías hablado	habríais hablado
habría hablado	habrían hablado

comer

habría comido	habríamos comido
habrías comido	habríais comido
habría comido	habrían comido

＊過去からみた未来完了、過去完了の推量、条件文の帰結節
　　Dijeron que para el próximo lunes ya *habrían visto* esa película.
　　Creí que ya *habrían llagado* a casa.

5) 接続法現在完了 = **haber** 接続法現在＋過去分詞（⇒例文は文法補足 3）

hablar

haya hablado	hayamos hablado
hayas hablado	hayáis hablado
haya hablado	hayan hablado

comer

haya comido	hayamos comido
hayas comido	hayáis comido
haya comido	hayan comido

6) 接続法過去完了 = **haber** 接続法過去＋過去分詞（⇒例文は文法補足 3）

hablar

hubiera hablado	hubiéramos hablado
hubieras hablado	hubierais hablado
hubiera hablado	hubieran hablado

comer

hubiera comido	hubiéramos comido
hubieras comido	hubierais comido
hubiera comido	hubieran comido

★ Suplemento B-1

基数と序数

1. 基数

0	cero	20	veinte	100	cien (ciento)
1	uno	21	veintiuno (veintiún/veintiuna)	101	ciento uno (un/una)
2	dos	22	veintidós	102	ciento dos
3	tres	23	veintitrés		
4	cuatro	24	veinticuatro	200	doscientos (/tas)
5	cinco	25	veinticinco	300	trescientos (/tas)
6	seis	26	veintiséis	400	cuatrocientos (/tas)
7	siete	27	veintisiete	500	quinientos (/tas)
8	ocho	28	veintiocho	600	seiscientos (/tas)
9	nueve	29	veintinueve	700	setecientos (/tas)
10	diez	30	treinta	800	ochocientos (/tas)
11	once	31	treinta y uno (un/una)	900	novecientos (/tas)
12	doce	32	treinta y dos		
13	trece	40	cuarenta	1 000	mil
14	catorce	50	cincuenta	2 000	dos mil
15	quince	60	sesenta	10 000	diez mil
16	dieciséis	70	setenta	100 000	cien mil
17	diecisiete	80	ochenta	1 000 000	un millón
18	dieciocho	90	noventa	10 000 000	diez millones
19	diecinueve	99	noventa y nueve	100 000 000	cien millones

2. 序数

第 1	primero		第 6	sexto
第 2	segundo		第 7	séptimo
第 3	tercero		第 8	octavo
第 4	cuarto		第 9	noveno
第 5	quinto		第 10	décimo

el siglo *noveno* 9世紀, la *tercera* clase 3時間目

　*primero, tercero は男性名詞単数形の前で語尾脱落
　　el *primer* día 初日, el *tercer* piso 3階（日本の4階に相当）

Suplemento B-2 ★

基本語彙集   ＊定冠詞 el/la を付記して名詞の性を示しています。

1. 人間関係

男 el hombre	女 la mujer		
父 el padre	母 la madre	両親 los padres	
祖父 el abuelo	祖母 la abuela	祖父母 los abuelos	
兄弟 el hermano	姉妹 la hermana	息子 el hijo	娘 la hija
夫 el esposo, el marido	妻 la esposa, la mujer	夫婦 los esposos	
おじ el tío	おば la tía	孫息子 el nieto	孫娘 la nieta
友人 el amigo / la amiga	恋人 el novio / la novia	甥 el sobrino	姪 la sobrina

2. 身分・職業

- 学生 el/la estudiante
- 会社員 el empleado/la empleada
- 弁護士 el abogado/la abogada
- サッカー選手 el/la futbolista, el jugador/ la jugadora de fútbol
- ウェイター・ウェイトレス el camarero/la camarera
- 先生 el profesor/la profesora
- 医者 el médico/la médica
- 店員 el dependiente/la dependienta
- ピアニスト el/la pianista
- ギタリスト el/la guitarrista

3. 教育

大学 la universidad	学部 la facultad	学科 el departamento
文学 la literatura	言語学 la lingüística	経済学 la economía
法学 el derecho	社会学 la sociología	経営学 las ciencias empresariales
情報科学 la informática	心理学 la (p)sicología	工学 la ingeniería
医学 la medicina	地理学 la geografía	歴史学 la historia
建築学 la arquitectura	数学 las matemáticas	政治学 la política

4. スポーツ・趣味・娯楽

バスケットボール el baloncesto	バレーボール el voleibol	野球 el béisbol
サッカー el fútbol	テニス el tenis	水泳 la natación
料理 la cocina	買い物 las compras	写真 la fotografía
読書 la lectura	音楽 la música	ビデオゲーム los videojuegos

5. 身体部位

顔 la cara	鼻 la nariz	口 la boca
目 el ojo	耳 la oreja	歯 el diente
頭 la cabeza	腕 el brazo	手 la mano
爪 la uña	胃 el estómago	腹 el vientre
足 el pie	脚 la pierna	背 la espalda

6. 色

赤 rojo   青 azul   白 blanco   黒 negro   黄 amarillo   緑 verde   茶 marrón   ピンク rosa

★ Suplemento B-2

7. 食事

朝食 el desayuno	昼食 la comida/el almuerzo	夕食 la cena
皿 el plato	ナイフ el cuchillo	フォーク el tenedor
スプーン la cuchara	コップ el vaso	グラス la copa
ティーカップ la taza	ボトル la botella	おつまみ la tapa
塩 la sal	砂糖 el azúcar	ソース la salsa
胡椒 la pimienta	オリーブ油 el aceite de oliva	バター la mantequilla
酢 el vinagre	マヨネーズ la mayonesa	ボカディーヨ（サンドイッチ） el bocadillo
スープ la sopa	サラダ la ensalada	米 el arroz
パン el pan	魚 el pescado	卵 el huevo
肉 la carne	チキン el pollo	子牛 la ternera
子羊 el cordero	豚 el cerdo	ハム el jamón
野菜 la verdura	果物 la fruta	リンゴ la manzana
オレンジ la naranja	菓子 el dulce	ケーキ la tarta/el pastel
アイスクリーム el helado	チュロ el churro	クッキー la galleta
水 el agua［女］	ワイン el vino	ビール la cerveza
ジュース el zumo	コーヒー el café	紅茶 el té
ミルク la leche	カフェオレ el café con leche	チョコレート el chocolate
パエリア la paella	ガスパチョ el gazpacho	スペイン風オムレツ la tortilla española

8. 交通

自動車 el coche	電車 el tren	バイク la moto
バス el autobús	飛行機 el avión	自転車 la bicicleta
駅 la estación	空港 el aeropuerto	地下鉄 el metro

9. 市街

家 la casa	都市 la ciudad	通り la calle
ホテル el hotel	旅行代理店 la agencia de viajes	書店 la librería
教会 la iglesia	公園 el parque	広場 la plaza
美術館 el museo	スタジアム el estadio	郵便局 la oficina de Correos
銀行 el banco	図書館 la biblioteca	観光案内所 la oficina de turismo
病院 el hospital	市役所 el ayuntamiento	警察署 la comisaría
バル el bar	レストラン el restaurante	カフェテリア la cafetería

10. 衣類・身につけるもの

上着 la chaqueta	ズボン los pantalones	ワイシャツ la camisa
Tシャツ la camiseta	スカート la falda	ジーパン los vaqueros
コート el abrigo	セーター el jersey	スーツ el traje
ワンピース el vestido	靴 los zapatos	ハンカチ・スカーフ el pañuelo
靴下 los calcetines	ネクタイ la corbata	マフラー la bufanda
時計 el reloj	かばん el bolso	帽子 el sombrero

Suplemento B-2 ★

11. 動物・植物

動物 el animal	犬 el perro	猫 el gato
馬 el caballo	羊 la oveja	牛 el toro / la vaca
鳥 el pájaro	魚 el pez	植物 la planta
木 el árbol	草 la hierba	花 la flor

12. 情報・通信／文具類

電話 el teléfono	携帯電話 el teléfono móvil	テレビ la televisión
新聞 el periódico	雑誌 la revista	ラジオ la radio
机 la mesa	椅子 la silla	本 el libro
ノート el cuaderno	鉛筆 el lápiz	ペン la pluma
辞書 el diccionario	コンピュータ el ordenador	小説 la novela
インターネット (el / la) Internet	電子メール el correo electrónico, el *email*	

13. 疑問詞

何 qué	どこ dónde	どこへ adónde
誰 quién / quiénes	どのように cómo	どれ cuál / cuáles
なぜ por qué	いつ cuándo	いくら、いくつ cuánto,a / cuántos,as

14. 前置詞

～へ、～に（方向・相手・時刻） a 　　～と、～で、～とともに con（⇔ sin）
～の、～から、～について de 　　～から desde（⇔ hasta）
～の中に、～に、～で（場所・交通手段） en 　　～の間に entre
～の方へ、～の方に hacia 　　～まで hasta（⇔ desde）
～のために para 　　～によって、～を通って por
～なしに sin（⇔ con） 　　～の上に、～について sobre

15. 位置関係・場所

～の前に（時間） antes de ～ 　　～の後に（時間） después de ～
～の前 / 正面に（位置・場所） delante/enfrente de ～ 　　～の後ろに（位置・場所） detrás de ～
～の左に a la izquierda de ～ 　　～の右に a la derecha de ～
～の上に encima de ～ 　～の下に debajo de ～ 　　～のそば・横・隣に al lado de / junto a ～
～の奥に al fondo de ～ 　～の近くに cerca de ～ 　　～から遠くに lejos de ～
ここに aquí 　そこに ahí 　　あそこに allí

16. 接続詞

しかし pero	～なので porque, como	～けれども、としても aunque
もし～ならば、～かどうか si	～する時 cuando	～する一方 mientras
～ということ que	そして、～と y (e)	または、～か o (u)

★ Suplemento B-3

国名と地名形容詞

＊地名形容詞は男性単数形を記載。男性単数形は名詞として言語名「〜語」も表す。

スペイン語圏の国

España	スペイン	español
México	メキシコ	mexicano
Argentina	アルゼンチン	argentino
Bolivia	ボリビア	boliviano
Chile	チリ	chileno
Colombia	コロンビア	colombiano
Costa Rica	コスタリカ	costarricense（男女・単）
Cuba	キューバ	cubano
Ecuador	エクアドル	ecuatoriano
El Salvador	エルサルバドル	salvadoreño
Guatemala	グアテマラ	guatemalteco
Honduras	ホンジュラス	hondureño
La República Dominicana	ドミニカ共和国	dominicano
Nicaragua	ニカラグア	nicaragüense（男女・単）
Panamá	パナマ	panameño
Paraguay	パラグアイ	paraguayo
Perú	ペルー	peruano
Puerto Rico	プエルトリコ	puertorriqueño
Uruguay	ウルグアイ	uruguayo
Venezuela	ベネズエラ	venezolano

その他の国

Japón	日本	japonés
China	中国	chino
Corea	韓国	coreano
Taiwán	台湾	taiwanés
Vietnam	ベトナム	vietnamita（男女・単）
Francia	フランス	francés
Italia	イタリア	italiano
Alemania	ドイツ	alemán
Inglaterra	イギリス	inglés
Portugal	ポルトガル	portugués
Rusia	ロシア	ruso
Estados Unidos	アメリカ合衆国	estadounidense（男女・単）
Brasil	ブラジル	brasileño

Suplemento B-4 ★

人称代名詞と所有形容詞、冠詞、指示詞、形容詞

1. 人称代名詞と所有形容詞

	主語（〜が）	直接目的語（〜を）	間接目的語（〜に）	再帰代名詞（自分を/に）	前置詞の後	所有形容詞・前置形（〜の）	所有形容詞・後置形（〜の）
私	yo	me	me	me	mí	mi	mío
君	tú	te	te	te	ti	tu	tuyo
彼、彼女、あなた	él, ella, usted	lo, la	le (se)	se	él, ella, usted	su	suyo
私たち	nosotros (-as)	nos	nos	nos	nosotros (-as)	nuestro	nuestro
君たち	vosotros (-as)	os	os	os	vosotros (-as)	vuestro	vuestro
彼ら、彼女たち、あなた方	ellos, ellas, ustedes	los, las	les (se)	se	ellos, ellas, ustedes	su	suyo

直接目的語中性形 lo「それを・そのことを」　　Lo siento. 申し訳ありません（それを残念に思います）

2. 冠詞

1) 定冠詞「その／それらの」

	単数	複数
男	el	los
女	la	las

2) 不定冠詞「ある、ひとつの／いくつかの」

	単数	複数
男	un	unos
女	una	unas

中性定冠詞 lo　　*lo importante* 重要なこと（形容詞の名詞化）

3. 指示形容詞・指示代名詞

「この・これ」

	単数	複数
男	este	estos
女	esta	estas

「その・それ」

	単数	複数
男	ese	esos
女	esa	esas

「あの・あれ」

	単数	複数
男	aquel	aquellos
女	aquella	aquellas

中性形「これ」esto　　　「それ」eso　　　「あれ」aquello

4. 形容詞

1) o で終わるもの「-o,a,os,as 型」
blanco「白い」

	単数	複数
男	blanco	blancos
女	blanca	blancas

3) 子音末の地名形容詞「- ゼロ,a,es,as 型」
español「スペイン（人）の」

	単数	複数
男	español	españoles
女	española	españolas

2) o で終わらないもの（子音末の地名形容詞をのぞく）男女同形「- ゼロ,(e)s 型」
grande「大きい」

	単数	複数
男	grande	grandes
女	grande	grandes

azul「青い」

	単数	複数
男	azul	azules
女	azul	azules

★ SuplementoC-1

時の表現のまとめ

1. 時刻
   1) ¿Qué hora es?　何時ですか？
      Son las dos. Son las nueve.　2時です。9時です。　　　　　　　　　*2時以降は Son las ...
      Es la una.　1時です。　　　　　　　　　　　　　　　　　　　　　*1時台のみ Es la ...
   2) Son las dos y diez. Es la una y veinte.　　　　　　　　　　　　　　* 時刻 y 分
      Son las cuatro menos veinte.　　　　　　　　　　　　* 次の時刻 menos 分 (=○時○分前)
   3) Son las cinco y media.　　　　　　　　　　　　　　　　　　　　*30分 media
      Son las siete y cuarto. Son las ocho menos cuarto.　　　　　　　　*15分 cuarto
   4) ¿A qué hora 〜 ?　何時に〜しますか？　a las ... 　... 時に
      Mis amigos van a llegar a Tokio a las once de la mañana.　「午前の」
      ¿A qué hora empieza el concierto? Empieza a las seis y media de la tarde.「午後の」

2. 日付
   1)「〜日に」el (día) ...
      Voy de viaje a España el (día) 22 de marzo.　*〜月(の) = de 〜
      Nací el 30 de junio de 1984.　*〜年(の) = de 〜
      El próximo curso empieza el 1 (uno / primero) de abril.　*1日のみ序数も使用される
   2)「〜月に」en ... Elena viene a Japón en diciembre.
   3)「〜年に」en ... Mi hijo nació en 2005.
   4)「〜曜日に」定冠詞 + 曜日名　Voy al teatro el sábado.　単数 =1回だけ
   　　　　　　　　　　　　　　Jugamos al tenis los domingos.　複数 =〜曜日にいつも
   5)「午前中」por la mañana、「午後」por la tarde、「夜」por la noche
   6)「(季節)に」en ... Me gusta ir a la montaña en verano.

CD-91

1月〜12月	**enero, febrero, marzo, abril, mayo, junio, julio, agosto, septiembre, octubre, noviembre, diciembre**
月〜日曜日	**lunes, martes, miércoles, jueves, viernes, sábado, domingo**　*sábado**s**, domingo**s** のみ複数形あり。他は単複同形。
春夏秋冬	**primavera, verano, otoño, invierno**

3. 直示表現

「今日」hoy	「昨日」ayer	「明日」mañana
	「一昨日」anteayer	「明後日」pasado mañana

	「今〜」**este**	「昨/先〜」**pasado**	「来〜」**próximo** または **que viene**
週	esta semana	la semana pasada	la semana próxima / la semana que viene
月	este mes	el mes pasado	el mes próximo / el mes que viene
年	este año	el año pasado	el año próximo / el año que viene
朝	esta mañana		
午後	esta tarde (今日の午後)		
夜	esta noche	anoche	

SuplementoC-1 ★

時の表現のまとめ 〈問題集〉

1 次の時刻をスペイン語で表しなさい。

（例）7時10分です。 →(*Son las siete y diez.*)

1) 8時30分です。 →(   )
2) 11時5分前です。 →(   )
3) 1時15分です。 →(   )
4) 12時29分です。 →(   )

2 時刻表現を用いて次の日本語をスペイン語にしなさい。

1) 飛行機(el avión)は午後の4時半に空港(el aeropuerto)に到着します。

2) 何時に君は家を出ますか(salir de casa)？

3) リサイタル(el recital)は午後9時に終わります(terminar)。

4) 毎日(todos los días)私たちは午後7時に夕食を食べます(cenar)。

5) 会議(la reunión)は朝の10時に始まります。

3 日本語に合うように括弧の中に日付の表現を入れて発音しなさい。

1) Mi cumpleaños es （   ）.
   私の誕生日は8月6日です。
2) Vamos a clase de piano （   ）.
   私たちは毎週水曜日にピアノを習っている。
3) Picasso murió （   ）.
   ピカソは1973年に亡くなった。
4) En Japón el curso termina （   ）.
   日本では学期は3月に終わる。
5) Mi tía nos visitó （   ）.
   私の叔母が午前中に私たちを訪ねてきた。

4 直示表現を用いて次の日本語をスペイン語にしなさい。

1) 来週私の友人がニューヨーク(Nueva York)へ向けて出発する(salir para)。(現在)

2) 今夜君に電話してもいいですか(poder llamar)？(現在)

★ SuplementoC-2

スペイン語の全時制のまとめ

直説法

現在	**Estudio** español.
点過去	**Compré** una revista española.
線過去	**Hablaba** de la revista con mi amigo.
現在完了	**He leído** unas novelas de García Márquez.
過去完了	Antes de venir a España, ya **había visto** unos cuadros de Velázquez.
未来	**Viajaré** a Madrid en septiembre.
過去未来	Le dije a mi amiga española que **viajaría** a Madrid en septiembre. ¿**Podría** decirme por dónde se va a la estación de Tokio?
未来完了	Creo que **habrán llegado** a casa a las ocho.
過去未来完了	Creí que **habrían llegado** a casa a las ocho.

接続法と命令文・条件文

接続法現在	Te recomiendo que **vayas** al Museo Picasso.
接続法現在完了	No creo que **hayan llegado** a tiempo a la estación. Siento que no me **hayas dicho** la verdad.
肯定命令	**Pasa**, por favor. **Siéntese** aquí, por favor.
否定命令	**No fumes**. **No entren**, por favor.
接続法過去	Te recomendé que **fueras** a Nara. **Quisiera** reservar una mesa.
接続法過去完了	No creía que **hubieran llegado** a tiempo a la estación. Sentí que no me **hubieras dicho** la verdad.
条件文	Si **tuviera** dinero, **viajaría** por Europa. Si **hubiera tenido** dinero, **habría viajado** por Europa. María siempre se porta como si **fuera** una estrella de cine.

pastelería(Barcelona)

SuplementoC-2 ★

スペイン語の全時制のまとめ 〈問題集〉

動詞の不定詞を文末に指示された主語の形にして入れなさい。

1 直説法

現在　　　　1)（Hablar →　　　　　　　　　） español.（yo）
点過去　　　2)（Leer →　　　　　　　　　　） una revista española.（yo）
線過去　　　3)（Escribir →　　　　　　　　） cartas a mi amigo.（yo）
現在完了　　4)（Ver →　　　　　　　　　　　） una obra de teatro de Cervantes.（yo）
過去完了　　5) Antes de venir a Barcelona, ya（estudiar →　　　　　　　　　　）
　　　　　　　 español dos años.（yo）

未来　　　　6)（Viajar →　　　　　　　　　　） a Sevilla en marzo.（nosotros）
過去未来　　7) Le dije a mi amiga española que（viajar →　　　　　　　　　） a
　　　　　　　 Sevilla en marzo.（nosotros）
未来完了　　8) Creo que（salir →　　　　　　　　　） a esa hora.（vosotros）
過去未来完了 9) Creí que（salir →　　　　　　　　　） a esa hora.（vosotros）

2 接続法と命令文・条件文

接続法現在　　10) Te recomiendo que（comer →　　　　　　　　） arroz con leche*.（tú）
　　　　　　　　　　　　　　　　　　　　　　　　　　　　　　　　　　　　　　*米のミルク煮
接続法現在完了 11) No creo que el tren（llegar →　　　　　　　） a tiempo.
　　　　　　　 12) Me alegro de que（venir →　　　　　　　　） a la fiesta.（tú）

肯定命令　　　13)（Esperar →　　　　　　　　　）.（tú）
　　　　　　　 14)（Ponerse →　　　　　　　　　） el abrigo, por favor.（usted）
否定命令　　　15) No（venir →　　　　　　　　　）.（tú）
　　　　　　　 16) No（tocar →　　　　　　　　　） los cuadros, por favor.（ustedes）

接続法過去　　17) Te recomendé que（comer →　　　　　　　　） polvorón*.（tú）
　　　　　　　　　　　　　　　　　　　　　　　　　　　　　　　*ポルボロン（スペインの焼き菓子）
接続法過去完了 18) No creía que el tren（llegar →　　　　　　　） a tiempo.
　　　　　　　 19) Me alegré de que（venir →　　　　　　　　　） a la fiesta.（tú）

条件文・現在の事実に反する仮定
　　20) Si（venir → 接続法過去　　　　　　　　　　　　　　　） en tren,
　　　　（llegar → 過去未来　　　　　　　　　　　　　　　　　） a tiempo.（tú）
条件文・過去の事実に反する仮定
　　21) Si（venir → 接続法過去完了　　　　　　　　　　　　　　） en tren,
　　　　（llegar → 過去未来完了　　　　　　　　　　　　　　　） a tiempo.（tú）

3 再帰動詞

22) ¿Cómo（llamarse → 現在　　　　　　　　　　　　　　　　　）?（tú）
23)（Irse → 現在　　　　　　　　　　　　　　　　　　　　　　　） ya.（nosotros）
24)（Quitarse → 点過去　　　　　　　　　　　　　　　　　　　　） el sombrero.（yo）
25)（Verse → 未来　　　　　　　　　　　　　　　　　　　　　　） otro día.（nosotros）

★ SuplementoD

Conjugación verbal （動詞の活用）

1. 規則動詞

不定詞 肯定命令2単 現在分詞 過去分詞	直説法			
	現在形	点過去形	線過去形	現在完了形
ar 動詞 **hablar** 話す habla hablando hablado	hablo hablas habla hablamos habláis hablan	hablé hablaste habló hablamos hablasteis hablaron	hablaba hablabas hablaba hablábamos hablabais hablaban	**he** hablado **has** hablado **ha** hablado **hemos** hablado **habéis** hablado **han** hablado
er 動詞 **comer** 食べる come comiendo comido	como comes come comemos coméis comen	comí comiste comió comimos comisteis comieron	comía comías comía comíamos comíais comían	**he** comido **has** comido **ha** comido **hemos** comido **habéis** comido **han** comido
ir 動詞 **vivir** 住む vive viviendo vivido	vivo vives vive vivimos vivís viven	viví viviste vivió vivimos vivisteis vivieron	vivía vivías vivía vivíamos vivíais vivían	**he** vivido **has** vivido **ha** vivido **hemos** vivido **habéis** vivido **han** vivido

2. 不規則動詞

1. **ser** 〜である sé siendo sido	soy eres es somos sois son	fui fuiste fue fuimos fuisteis fueron	era eras era éramos erais eran	he sido has sido ha sido hemos sido habéis sido han sido
2. **estar** 〜にいる、ある está estando estado	estoy estás está estamos estáis están	estuve estuviste estuvo estuvimos estuvisteis estuvieron	estaba estabas estaba estábamos estabais estaban	he estado has estado ha estado hemos estado habéis estado han estado

SuplementoD ★

(＊1人称単数、2人称単数、3人称単数、1人称複数、2人称複数、3人称複数の順)

直説法		接続法		
未来形	過去未来形	現在形	過去形 (ra形)	現在完了形
hablaré hablarás hablará hablaremos hablaréis hablarán	hablaría hablarías hablaría hablaríamos hablaríais hablarían	hable hables hable hablemos habléis hablen	hablara hablaras hablara habláramos hablarais hablaran	**haya** hablado **hayas** hablado **haya** hablado **hayamos** hablado **hayáis** hablado **hayan** hablado
comeré comerás comerá comeremos comeréis comerán	comería comerías comería comeríamos comeríais comerían	coma comas coma comamos comáis coman	comiera comieras comiera comiéramos comierais comieran	**haya** comido **hayas** comido **haya** comido **hayamos** comido **hayáis** comido **hayan** comido
viviré vivirás vivirá viviremos viviréis vivirán	viviría vivirías viviría viviríamos viviríais vivirían	viva vivas viva vivamos viváis vivan	viviera vivieras viviera viviéramos vivierais vivieran	**haya** vivido **hayas** vivido **haya** vivido **hayamos** vivido **hayáis** vivido **hayan** vivido

seré serás será seremos seréis serán	sería serías sería seríamos seríais serían	sea seas sea seamos seáis sean	fuera fueras fuera fuéramos fuerais fueran	haya sido hayas sido haya sido hayamos sido hayáis sido hayan sido
estaré estarás estará estaremos estaréis estarán	estaría estarías estaría estaríamos estaríais estarían	esté estés esté estemos estéis estén	estuviera estuvieras estuviera estuviéramos estuvierais estuvieran	haya estado hayas estado haya estado hayamos estado hayáis estado hayan estado

★ SuplementoD

不定詞 肯定命令2単 現在分詞 過去分詞	直説法				接続法
	現在形	点過去形	線過去形	未来形	現在形
3. **caer** 落ちる cae cayendo caído	caigo caes cae caemos caéis caen	caí caíste cayó caímos caísteis cayeron	caía caías caía caíamos caíais caían	caeré caerás caerá caeremos caeréis caerán	caiga caigas caiga caigamos caigáis caigan
4. **conducir** 運転する 導く conduce conduciendo conducido	conduzco conduces conduce conducimos conducís conducen	conduje condujiste condujo condujimos condujisteis condujeron	conducía conducías conducía conducíamos conducíais conducían	conduciré conducirás conducirá conduciremos conduciréis conducirán	conduzca conduzcas conduzca conduzcamos conduzcáis conduzcan
5. **conocer** 知る conoce conociendo conocido	conozco conoces conoce conocemos conocéis conocen	conocí conociste conoció conocimos conocisteis conocieron	conocía conocías conocía conocíamos conocíais conocían	conoceré conocerás conocerá conoceremos conoceréis conocerán	conozca conozcas conozca conozcamos conozcáis conozcan
6. **dar** 与える da dando dado	doy das da damos dais dan	di diste dio dimos disteis dieron	daba dabas daba dábamos dabais daban	daré darás dará daremos daréis darán	dé des dé demos deis den
7. **decir** 言う di diciendo dicho	digo dices dice decimos decís dicen	dije dijiste dijo dijimos dijisteis dijeron	decía decías decía decíamos decíais decían	diré dirás dirá diremos diréis dirán	diga digas diga digamos digáis digan
8. **dormir** 眠る duerme durmiendo dormido	duermo duermes duerme dormimos dormís duermen	dormí dormiste durmió dormimos dormisteis durmieron	dormía dormías dormía dormíamos dormíais dormían	dormiré dormirás dormirá dormiremos dormiréis dormirán	duerma duermas duerma durmamos durmáis duerman

SuplementoD ★

不定詞 肯定命令2単 現在分詞 過去分詞	直説法				接続法
	現在形	点過去形	線過去形	未来形	現在形
9. **enviar** 送る envía enviando enviado	envío envías envía enviamos enviáis envían	envié enviaste envió enviamos enviasteis enviaron	enviaba enviabas enviaba enviábamos enviabais enviaban	enviaré enviarás enviará enviaremos enviaréis enviarán	envíe envíes envíe enviemos enviéis envíen
10. **haber** 〜がある he habiendo habido	he has ha, hay hemos habéis han	hube hubiste hubo hubimos hubisteis hubieron	había habías había habíamos habíais habían	habré habrás habrá habremos habréis habrán	haya hayas haya hayamos hayáis hayan
11. **hacer** する 作る haz haciendo hecho	hago haces hace hacemos hacéis hacen	hice hiciste hizo hicimos hicisteis hicieron	hacía hacías hacía hacíamos hacíais hacían	haré harás hará haremos haréis harán	haga hagas haga hagamos hagáis hagan
12. **huir** 逃げる huye huyendo huido	huyo huyes huye huimos huis huyen	hui huiste huyó huimos huisteis huyeron	huía huías huía huíamos huíais huían	huiré huirás huirá huiremos huiréis huirán	huya huyas huya huyamos huyáis huyan
13. **ir** 行く ve yendo ido	voy vas va vamos vais van	fui fuiste fue fuimos fuisteis fueron	iba ibas iba íbamos ibais iban	iré irás irá iremos iréis irán	vaya vayas vaya vayamos vayáis vayan
14. **jugar** 遊ぶ juega jugando jugado	juego juegas juega jugamos jugáis juegan	jugué jugaste jugó jugamos jugasteis jugaron	jugaba jugabas jugaba jugábamos jugabais jugaban	jugaré jugarás jugará jugaremos jugaréis jugarán	juegue juegues juegue juguemos juguéis jueguen

SuplementoD

不定詞 肯定命令2単 現在分詞 過去分詞	直説法				接続法
	現在形	点過去形	線過去形	未来形	現在形
15. **leer** 読む lee leyendo leído	leo lees lee leemos leéis leen	leí leíste leyó leímos leísteis leyeron	leía leías leía leíamos leíais leían	leeré leerás leerá leeremos leeréis leerán	lea leas lea leamos leáis lean
16. **oír** 聞く oye oyendo oído	oigo oyes oye oímos oís oyen	oí oíste oyó oímos oísteis oyeron	oía oías oía oíamos oíais oían	oiré oirás oirá oiremos oiréis oirán	oiga oigas oiga oigamos oigáis oigan
17. **pedir** 頼む pide pidiendo pedido	pido pides pide pedimos pedís piden	pedí pediste pidió pedimos pedisteis pidieron	pedía pedías pedía pedíamos pedíais pedían	pediré pedirás pedirá pediremos pediréis pedirán	pida pidas pida pidamos pidáis pidan
18. **pensar** 考える piensa pensando pensado	pienso piensas piensa pensamos pensáis piensan	pensé pensaste pensó pensamos pensasteis pensaron	pensaba pensabas pensaba pensábamos pensabais pensaban	pensaré pensarás pensará pensaremos pensaréis pensarán	piense pienses piense pensemos penséis piensen
19. **poder** できる puede pudiendo podido	puedo puedes puede podemos podéis pueden	pude pudiste pudo pudimos pudisteis pudieron	podía podías podía podíamos podíais podían	podré podrás podrá podremos podréis podrán	pueda puedas pueda podamos podáis puedan
20. **poner** 置く pon poniendo puesto	pongo pones pone ponemos ponéis ponen	puse pusiste puso pusimos pusisteis pusieron	ponía ponías ponía poníamos poníais ponían	pondré pondrás pondrá pondremos pondréis pondrán	ponga pongas ponga pongamos pongáis pongan

SuplementoD

不定詞 肯定命令2単 現在分詞 過去分詞	直説法				接続法
	現在形	点過去形	線過去形	未来形	現在形
21. querer 欲しい したい quiere queriendo querido	quiero quieres quiere queremos queréis quieren	quise quisiste quiso quisimos quisisteis quisieron	quería querías quería queríamos queríais querían	querré querrás querrá querremos querréis querrán	quiera quieras quiera queramos queráis quieran
22. saber 知る sabe sabiendo sabido	sé sabes sabe sabemos sabéis saben	supe supiste supo supimos supisteis supieron	sabía sabías sabía sabíamos sabíais sabían	sabré sabrás sabrá sabremos sabréis sabrán	sepa sepas sepa sepamos sepáis sepan
23. salir 出る sal saliendo salido	salgo sales sale salimos salís salen	salí saliste salió salimos salisteis salieron	salía salías salía salíamos salíais salían	saldré saldrás saldrá saldremos saldréis saldrán	salga salgas salga salgamos salgáis salgan
24. seguir 続ける 続く sigue siguiendo seguido	sigo sigues sigue seguimos seguís siguen	seguí seguiste siguió seguimos seguisteis siguieron	seguía seguías seguía seguíamos seguíais seguían	seguiré seguirás seguirá seguiremos seguiréis seguirán	siga sigas siga sigamos sigáis sigan
25. sentir 感じる 残念に思う siente sintiendo sentido	siento sientes siente sentimos sentís sienten	sentí sentiste sintió sentimos sentisteis sintieron	sentía sentías sentía sentíamos sentíais sentían	sentiré sentirás sentirá sentiremos sentiréis sentirán	sienta sientas sienta sintamos sintáis sientan
26. tener 持つ ten teniendo tenido	tengo tienes tiene tenemos tenéis tienen	tuve tuviste tuvo tuvimos tuvisteis tuvieron	tenía tenías tenía teníamos teníais tenían	tendré tendrás tendrá tendremos tendréis tendrán	tenga tengas tenga tengamos tengáis tengan

★ SuplementoD

不定詞 肯定命令2単 現在分詞 過去分詞	直説法				接続法
	現在形	点過去形	線過去形	未来形	現在形
27. traer 持って来る trae trayendo traído	traigo traes trae traemos traéis traen	traje trajiste trajo trajimos trajisteis trajeron	traía traías traía traíamos traíais traían	traeré traerás traerá traeremos traeréis traerán	traiga traigas traiga traigamos traigáis traigan
28. venir 来る ven viniendo venido	vengo vienes viene venimos venís vienen	vine viniste vino vinimos vinisteis vinieron	venía venías venía veníamos veníais venían	vendré vendrás vendrá vendremos vendréis vendrán	venga vengas venga vengamos vengáis vengan
29. ver 見る ve viendo visto	veo ves ve vemos veis ven	vi viste vio vimos visteis vieron	veía veías veía veíamos veíais veían	veré verás verá veremos veréis verán	vea veas vea veamos veáis vean
30. volver 戻る vuelve volviendo vuelto	vuelvo vuelves vuelve volvemos volvéis vuelven	volví volviste volvió volvimos volvisteis volvieron	volvía volvías volvía volvíamos volvíais volvían	volveré volverás volverá volveremos volveréis volverán	vuelva vuelvas vuelva volvamos volváis vuelvan

過去分詞不規則形（上記活用表にない動詞のみ掲載）

abrir（開ける）→ abierto　　cubrir（覆う）→ cubierto
escribir（書く）→ escrito　　morir（死ぬ）→ muerto
romper（壊す）→ roto

Plaza Mayor（Madrid）

新・エストレリータ
―スペイン語入門コース―

検印省略	© 2010年1月15日　初版発行
	2017年1月31日　第6刷発行
	2019年1月30日　改訂初版発行
	2025年1月30日　第4刷発行

著者　　　栗林ゆき絵
　　　　　矢坂協子
　　　　　岡見友里江
　　　　　ロベルト・コルメナ

発行者　　原　雅久
発行所　　株式会社　朝日出版社
　　　　　101-0065　東京都千代田区西神田 3-3-5
　　　　　電話　03-3239-0271/72
　　　　　振替口座　00140-2-46008
　　　　　http://www.asahipress.com/
　　　　　http://asahipress.jp
DTP/ メディアアート　印刷 / TOPPANクロレ

乱丁、落丁本はお取り替えいたします。
ISBN978-4-255-55104-3 C1087

本書の一部あるいは全部を無断で複写複製（撮影・デジタル化を含む）及び転載することは、法律上で認められた場合を除き、禁じられています。

朝日出版社 スペイン語一般書籍のご案内

GIDE（スペイン語教育研究会）語彙研究班 編
¡スペ単！ —頻度で選んだスペイン語単語集（練習問題つき）—

- ◆様々なスペイン語の初級学習書を分析・解析。
- ◆学習者が最も必要とする語彙を抽出、文法項目と関連付けて提示。
- ◆各項目ごとに理解と運用を助ける練習問題を配備。
- ◆文法項目と語彙グループを結び付けて紹介。
- ◆豊富な練習問題と読み物資料ページでしっかり楽しく学べる。
- ◆多角的に語彙を覚えられる意味別・品詞別語彙リスト、単語の意味もついた詳細なさくいんつき。
- ◆初めてスペイン語を学ぶ人から、指導する立場の人まで幅広く活用できる一冊。

●A5判　●本編13章+読み物資料+巻末語彙集+さくいん　●各項練習問題つき　●のべ5200語
●264p　●2色刷　2420円（本体価格2200円+税）（000371）

福嶌教隆 著
スペイン語圏4億万人と話せる くらべて学ぶスペイン語 改訂版 DVD+CD付
—入門者から「再」入門者まで—

- ◆スペインのスペイン語とラテンアメリカのスペイン語をくらべて、並行してどちらも学べます。
- ◆全くの初歩からスペイン語を学ぶ人（入門者）も、一通りの知識のある人（「再」入門者）も活用できるよう編集されています。
- ◆スペイン語圏各地のネイティブの吹込者によるCDや、スペインの美しい映像をおさめたDVD（スペイン語ナレーション付）が添付されています。
- ◆スペイン語を話すどの場所に行っても、この1冊で充分話し切れること間違いなしです！

●A5判　●15課　●144p　●さし絵多数　●DVD+CD付　●2色刷
2640円（本体価格2400円+税）（000552）

高橋覚二・伊藤ゆかり・古川亜矢 著
とことんドリル！ スペイン語 文法項目別

- ◆文法事項を確認しながら、一つずつ確実なステップアップ
- ◆全27章で、各章は3ページ【基礎】+1ページ【レベルアップ】で構成
- ◆スペイン語技能検定試験4、5、6級の文法事項がチェックできる！
- ◆ふと頭に浮かぶような疑問も学習者の目線で丁寧に解説
- ◆復習問題でヒントを見ながら実力試せる
- ◆多様な話題のコラムも楽しい♪
- ◆スペイン語のことわざをイラストで紹介

●B5判　●27章+解答例・解説　●200p　●2色刷
2530円（本体価格2300円+税）（000747）

西川 喬 著
ゆっくり学ぶスペイン語 CD付

- ◆本書はスペイン語を「ゆっくり学ぶ」ための本です。
- ◆初めて学ぶ人はもちろんのこと、基礎的な知識を整理したい人にも最適です。
- ◆各課文法別に段階的に進みます。やさしい文法要素から順を追って知識が増やせるように配置しています。
- ◆各課には「ちょっとレベルアップ」のページがあります。少し知識のある方は、ぜひこのページに挑戦してください。
- ◆各課の最後に練習問題があります。自分で解いて、巻末の解答で確かめましょう。
- ◆再挑戦の方向けに、31、32課で「冠詞」と「時制」を扱っています。ぜひ熟読してください。
- ◆それでは本書で、「ゆっくりと」スペイン語を楽しんで行きましょう。

●A5判　●32課　●264p　●さし絵多数　●2色刷　●CD付　3190円（本体価格2900円+税）（001081）

電子書籍
小林一宏・Elena Gallego Andrada 著
スペイン語 文法と実践 —ゆっくり進み、確かに身につく—
Español con paso firme

- ◆日本人教員とネイティヴ教員の緊密な協力から生まれた自然な語法。
- ◆予習と復習のための矢印（→）による関連個所の提示。
- ◆解説内容に沿った多くの例文とこれの理解を援ける註。
- ◆適宜、英語との比較による理解の深化。
- ◆簡潔で適格な文法の解説。

●A5判　●33課　●320p　●2色刷　●音声データ付
3080円（本体価格2800円+税）（000467）

（株）朝日出版社
〒101-0065　東京都千代田区西神田3-3-5
TEL:03-3263-3321　FAX:03-5226-9599　https://www.asahipress.com/